불안한 히치하이커를 위한 마음 안내서

이토록 쓸모 있는 불안

불안한 히치하이커를 위한 마음 안내서

이토록 쓸모 있는 불안

1쇄 발행 2022년 4월 28일
2쇄 발행 2022년 5월 27일

지은이 우보영

펴낸이 김영철
펴낸곳 국민출판사
등록 제6-0515호
주소 서울특별시 마포구 동교로12길 41-13(서교동)
전화 02)322-2434
팩스 02)322-2083
블로그 blog.naver.com/kmpub6845
이메일 kukminpub@hanmail.net

편집 이원석, 변규미
디자인 블루
경영지원 한정숙
종이 신승 지류 유통 | **인쇄** 예림 | **코팅** 수도 라미네이팅 | **제본** 예림바인딩

ⓒ 우보영, 2022
ISBN 978-89-8165-643-0 (03180)

불안한 히치하이커를 위한　마음 안내서

이토록
쓸모 있는
불안
우보영 지음

나를 변화시키고 리드하는 불안

"아름다운 내 삶의 한가운데 불안이 있다." 이 말은 참 아프게 들립니다. 불안은 저자에게 공황장애의 원인이었습니다. 그와 불편한 동거를 해 왔지만 이제 저자에게 그는 참 고마운 존재입니다. 자신이 누구인지 알게 해 주고 삶의 의미를 찾게 했으니까요. 이 책을 지은 동기는 닫는 글의 마지막 문장에 온전히 나타납니다. "무조건 없애야 한다고 생각했던 불안이 이토록 쓸모 있을 줄이야 누가 알았겠는가?"

저자가 이 책에서 다루는 불안을 쓸모 있게 만들어 주는 5개의 주제(생각, 감정, 습관, 관계, 인생)는 혼란과 두려움 속에서 길을 걷는 이에게 희망의 등불이 됩니다. 이 책에는 불안, 공황장애를 편하게 마주하는 혜안이 담겨 있습니다. 저자는 부정적 생각에 언어의 틀을 씌우는 방법도 주관적 해석을 객관적 해석으로 교정하는 내용도, '아무도 나를 이해 못 해!'에서 '나를 이해해 줄 사람은 반드시 있다'라는 경험도 알려 줍니다. 또한 삶의 여정에서 신호와 표지판이 되어 주는 불안을 혼자 바라보지 말고, 함께 이야기하고 도와줄 사람을 찾으라고 말합니다. 정신건강의학뿐 아니라 정신분석학 전문가와 대화하면 불안은 아주 유용한 재료가 되고, 더욱 쓸모 있게 되니까요.

우리는 세상을 바꿀 수 없고 타인을 내 입맛대로 바꿀 수도 없지만 애초에 그럴 필요는 없습니다. 버려둘 것은 버려두는 것이 좋습니다. 그럼 나 자신, 내 인생은 어떨까요? 인생을 내 뜻대로만 살 수 없지만 그 욕망까지 포기하긴 어렵습니다. 원하는 것은 원하는 것이 좋습니다. 우리에겐 나 자신을 사랑하기로 선택할 수 있는 능력이 있습니다. 이 능력은 욕망에서 비롯됩니다. 사랑은 욕망이자 숭고한 신앙입니다. 저자는 "사랑은 안에서부터 일어난다. 우리는 지금 당장 나 자신을 사랑하기로 선택할 수 있다"라고 말합니다. 여기에 더 명확하게 '자기애를 욕망하라'라고 권하고 싶습니다. 자기사랑selbstliebe이 충만할 때 불안은 좀 더 환한 등불이 되기 때문입니다. 이토록 쓸모 있는 불안과 함께 동거하려면 더 많은 사랑의 에너지를 가질 용기가 필요합니다.

　저자가 『이토록 쓸모 있는 불안』에서 제시하는 내용은 포괄적으로 볼 때 '셀프 리더십self leadership'의 한 부분입니다. 그 이유는 이 책이 자신을 변화시키는 노와이know-why와 자신을 리드하는 노하우know-how를 담고 있기 때문입니다. 나를 경영하는 분들에게 이 책은 불안이라는 주제를 통해 나를 들여다보게 하고, 여러 항목에 적합한 핵심적인 도서들을 적시적소에서 소개해 줍니다. 이 책이 불안으로 점철된 우리 삶에 큰 도움을 주는 좋은 안내자 역할을 할 것이라 기대합니다.

강응섭 박사
(예명대학원대학교 리더십학 및 정신분석상담학 주임교수)

불안한 마음이
불안한 마음에게 전하는 위로

인생을 살다 보면 일일이 모든 생각과 마음을 살피며 살아갈 수는 없습니다. 수없이 많은 주변 정보들을 빠르게 처리하기 위해 우리는 자주 관성에 밀려 살아갑니다. 먹던 음식을 먹고 좋아하는 일을 하거나 해야 한다고 하는 것들을 하면서 말이죠. 생각보다 사람들은 마음에 관심이 없습니다. 살아가던 방식 그대로 살아가기를 바라면서도 내가 현재 잘 살고 있는지 확인받고자 하고, 심리학 도서를 읽어도 변화를 일으키는 것이 아니라 이미 알고 있던 지식을 강화하기에 그치기도 합니다. 그러다가 큰 괴로움이 생기면 그때서야 내 마음을 제대로 돌아봅니다. 사실 그전에도 우리의 마음은 크고 작은 비명을 질러 왔을 겁니다. 감기에 걸리거나 소화 불량에 걸리는 식으로 언젠가 한 번쯤 건강에 이상 신호가 왔었을 테지요. 큰 병이 생기기 전에 내 마음을 돌아봐 달라고 몸에서 여러 가지 신호를 보내는 것입니다. 하지만 우리는 큰 병이 생기고 나서야 몸과 마음에 대해 관심을 갖기 시작합니다.

『이토록 쓸모 있는 불안』은 이러한 신호인 '불안'에 대해 이야기를 합니다. 그렇게 저자는 불안을 괴로움 자체로 두기보다 그 신호의 이면에 있는 의미에 귀 기울이며 자신의 마음을 돌아보았던 경험을 공유합니다. 더 나아가 마음을 탐색하고 다루는 구체적인 방법도 함께 제시합니다. 그리고 불안과 고통을 덮거나 제거하려는 것이 아니라 좀 더 깊이 들어가도록 독자를 이끌며 진정한 위로를 건넵니다. 서점에는 많은 심리학 서적이 있지만 『이토록 쓸모 있는 불안』은 우리의 마음에 좀 더 가깝게 와 닿을 겁니다. 이 책은 영혼이 빠져 있는 학술 서적이 아닌 피부로 직접 느껴 온 경험에서 우러난 솔직한 이야기이기 때문입니다. 저자는 여러 가지 심리학적 자료를 토대로 매우 주관적인 '마음'을 객관적으로 사유해 이야기합니다. 객관적인 관찰자가 건네는 이해와 공감은 깊은 위로가 되어 줄 것이고, 스스로 진정한 나를 만나 건네는 깊은 공감과 이해는 마음에 강한 변화의 파동을 일으킬 것입니다.

여러분의 속 깊은 마음 이야기에 스스로 귀 기울이는 것은 어려운 일입니다. 괴롭지만 변하고자 하는 사람들에게 저자의 진솔한 이야기는 벗이 되며 동반자가 되어 줄 것입니다. 이 책이 진정한 나를 만나고 공감하며 스스로를 사랑할 수 있는 삶으로 다가가는 계기가 되길 바랍니다.

한명훈 정신건강의학과 전문의
(한국정신분석학회 정회원)

추천사 ·4

여는 글 우리는 모두 불안한 존재다 ·14
활동 1 불안의 얼굴 그려 보기 ·20

part 1. 불안한 생각

1. **끊임없이 재생되는 불안한 생각** ·25
   내 머릿속의 혼잣말 | 내면의 비판자가 말하고 있습니다 | 이 목소리를 전부 믿어야 할까?

2. **내 생각 밑에 깔려 있는 이름 모를 두려움** ·33
   내 생각이 뇌를 바꾼다 | 내면의 비판자, 너 정체가 뭐니? | 잘 자라, 내 마음아

3. **생각에서 한 발자국만 떨어져 바라본다면** ·41
   당신은 당신의 생각이 아니다 | 무한한 생각에 틀 씌우기 |
   멀리서 마음을 들여다보는 내면의 관찰자처럼

4. **구부렸다 폈다가 유연한 고양이처럼 생각하기** ·51
   경직된 생각은 우리를 지배한다 | 생각은 생각일 뿐 오해하지 말자 |
   생각의 유연성을 기르는 3가지 훈련법

5. **이제는 자존감 대신 자기자비를** ·59
   키운다고 키워질 자존감이었다면 | 이번 생은 처음이라 |
   남들처럼 엉망진창이면 되는 인생

활동 2 생각이 너무 많을 때 – 생각 디톡스 ·67

part 2. 불안한 감정

1. 우리는 감정에 대해 제대로 알고 있을까 ·71

   감정이 우리에게 주는 특급 정보 | 감정은 능동적이다 | 감정이 하는 일

2. 90초짜리 감정 롤러코스터에서 내리는 법 ·80

   이름표를 붙여, 내 감정에 | 감정 롤러코스터, 출발합니다 | 감정을 대하는 2가지 방법

3. 불확실성이 가져오는 불안한 감정들 ·89

   어차피 인생에 확실한 것은 없다 | 불확실한 것은 반드시 나쁜가? | 불확실성과 친해지기

4. 우리는 흐름을 타고 갈 수밖에 없는 거야 ·97

   변화가 우리 몸에 미치는 영향 | 왜 이렇게 변화를 싫어하게 된 걸까? |
   흐름에 흠뻑 젖어 춤추는 사람들처럼

5. 마음을 통제하려 들지 말 것 ·104

   통제가 안겨다 준 현대인의 성공 신화 | 청개구리와 흰곰을 생각하지 마세요 |
   통제 욕구 내려놓기

6. 금메달보다 빛나던 국가 대표급 마음 지혜 ·112

   수용이라는 삶의 지혜 | 두 번째 화살을 당기기 전에 | 수용은 체념과 다르다

   활동 3 내 감정이 버거울 때 – 감정 중독 끊기 ·120

part 3. 불안한 습관

1. 내가 뇌를 모르는데 뇌가 나를 알겠느냐 ·125

   인간의 뇌에 8차선 도로가 생기기까지 | 뇌가 오늘(평생) 해야 하는 일: 효율적으로
   운영하기 | 마침내 자기 자신을 의식하게 된 존재

2. 뇌가 있는 한 정해진 운명은 없다 ·131

   유전자는 독재자가 아니다 | 뇌는 변화하기 위해 존재한다 |
   긍정 회로를 건축하기 위한 준비물 | 만성 불안이 일으키는 악순환

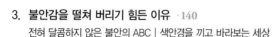

3. **불안감을 떨쳐 버리기 힘든 이유** ·140

　　전혀 달콤하지 않은 불안의 ABC | 색안경을 끼고 바라보는 세상

4. **모든 것은 당신이라는 습관으로부터** ·147

　　뇌가 습관을 만드는 방식 | 당신이라는 습관 | 습관을 바꾸는 습관 기르기

5. **나를 묶고 가둔다면 가능성도 묶인 채** ·154

　　당신을 막는 것은 오직 당신의 믿음뿐 | 자기제한적인 믿음의 패턴 찾기 |
　　나를 보는 새로운 눈

　活동 4 불안 습관에서 벗어나기 힘들 때 - 파워 포즈와 움직임 ·163

part 4. **불안한 관계**

1. **성장 과정에서 만들어진 가면과 그림자** ·167

　　나는 가면을 몇 개나 만들었을까 | 그림자 속으로 감추어 버린 것들 |
　　가면과 그림자가 불안을 일으키는 방법

2. **출입 금지! 나를 지키는 경계 세우기** ·175

　　타인과 나를 구분 짓는 선 | 무너진 경계를 인식하기 | 소통은 안전한 울타리 안에서

3. **발목을 붙잡는 기억에서 벗어날 수 있을까** ·184

　　기억의 재료는 믿을 만하지 않다 | 기억은 매번 새롭게 만들어진다 |
　　기억으로부터 자유로워지기

4. **다시 한번 일어나게 만드는 공감과 회복 탄력성** ·192

　　지구에서 가장 공감 능력이 높은 동물 | 사람을 살리고 세상을 바꾸는 공감의 힘 |
　　회복 탄력성이라는 마음 에어백

5. **정말로 사랑한다면** ·199

　　관계의 출발점은 자기 자신이다 | 사랑도 연습이 되나요? | 우리가 내딛을 사랑의 첫걸음

　活동 5 관계가 어려울 때 - 용서 명상 ·206

part 5. **불안한 삶**

1. **이렇게 불안한 세상에 던져지다니** ·211
   현대 사회의 50가지 그림자 | 새로운 불안을 곁들인 신기술 |
   노력하면 뭐든지 할 수 있다는 환상
2. **불안은 요람에서 무덤까지 우리와 함께한다** ·218
   나이대에 따른 불안 8단계 | 실존의 문제와 불안 | 삶에 질문을 던져 볼 기회
3. **삶에 중요한 변화가 필요하다는 신호** ·227
   죽을 때 가장 많이 후회하는 5가지 | 불안하다면 점검하라 |
   변화를 맞이하는 올바른 마음가짐
4. **상실과 남겨진 마음들** ·235
   피할 수 없는 상실 | 지불하지 못한 감정의 고지서 | 상실과 슬픔은 사랑했다는 증거
5. **무엇을 바라볼지 결정하는 주의와 의도** ·244
   주의를 과소비하는 불안 | 주의를 기울이는 곳에 에너지가 있다 | 세상을 바라보는 모니터
6. **앞으로 나아갈 방향과 인생의 나침반** ·252
   가치가 가리키는 삶의 방향 | 가치를 잊은 목표는 공허하다 | 나침반 위 먼지 털기
7. **반응하는 삶이 아닌 선택하는 삶으로** ·261
   삶은 B와 D 사이에 C | 가스탱크 안에서 성냥에 불을 붙이면 | 인생이라는 버스 운전사
8. **누구나 자신의 삶을 살고자 이 땅에 온다** ·270
   태어나고 싶지 않았던 영혼 | 내가 기획한 인생이었다면 | 당신의 영혼이 바라 왔던 삶은

활동 6 삶의 방향성이 흔들릴 때 - 잠든 영혼을 깨우는 질문들 ·280

닫는 글 텅 빈 캔버스에 무엇을 그릴까 ·281
활동 7 다시 불안의 얼굴 그려 보기 ·286

감사의 글 ·287
참고 문헌 ·288

우리는 모두 불안한 존재다

요즘 학교 풍경은 어떤지 모르지만 15년도 더 지난 '라떼'의 학창 시절 이야기를 한번 해 볼까 한다. 수업 종이 울리고 선생님이 들어오시면, 반장이 자리에서 일어나 "전체 차렷, 인사!"를 외쳤다. 그러면 반 박자 후 학생들이 입을 모아 "안녕하세요" 하고 인사를 하곤 했다. 특별할 것 없는 이 풍경 속에 몹시 불안해하는 한 사람이 있었다. 우리 반 반장은 왜인지 '전체 차렷'을 외칠 때면 목소리가 늘 염소처럼 떨렸다. "전체에에… 차려어어어…" 놀림거리를 포착한 하이에나 무리는 어김없이 그 아이를 쳐다보며 킥킥거렸다. 반장은 얼굴이 붉어졌지만 아무렇지 않은 척하며 의자를 끌어당겨 앉았다. 다음 교시가 시작하고 다른 선생님이 들어오신다. 반장은 또 염소 목소리가 나지 않을까 불안해하며 입을 뗀다. 이미 눈치챘을 수도 있겠지만 그 염소가 바로 나였다.

오랫동안 불안을 들키는 건 창피한 일이라고 생각했다. 살아가며 불안을 느낄 때마다 그랬다. 떨리는 염소 목소리처럼 어딘가 못나고 우스꽝스러운 모습들을 감추고 싶었다. 이유는 단순했다. '나만 그런 것 같아서' 또는 '다른 사람에게 이해받기 힘들 것 같아서.' 하지만 시간이 지나, 내 불안을 넘어 다른 사람들의 불안까지 깊이 들여다본 후에야 깨달은 사실이 있다. 사람들은 누구나 너무도 쉽게 불안해진다는 것. 취업에 여러 차례 실패한 친구가 그것 때문에 불안하다고 하면 정말 그렇겠다 싶은데, 막상 남부러울 것 없는 직장에 다니는 친구랑 얘기해 보니 그 친구도 불안하다고 말한다. 직장에 들어가기 전에는 일을 못 구해서 불안하고, 일을 하면서는 언제까지 이 일을 할 수 있을까 불안하단다. 스무 살에는 스무 살의 불안이 있고, 서른 살에는 서른 살의 불안이 있다. 이렇듯 사람들이 불안을 느끼는 까닭은 불안이 인간의 생존 능력이자 우리의 원초적인 욕구와 딱 달라붙어 있기 때문이다.

잠시 선사시대로 상상 여행을 떠나 보자. 우리의 먼 조상님들이 탐스러운 열매가 주렁주렁 열린 나무를 떠올리고 있다. 그런데 그 나무가 자라는 숲은 무척이나 우거져서 나무 뒤쪽은 아직 미지의 세계다. 그늘진 나무 틈 사이로 열매보다 인간을 더 좋아하는 굶주린 곰이 있을 수도 있다는 얘기다. 어찌 되었든 열매를 먹기 위해서는 모험을 해야 한다. 어떤 이는 용감하게 모험을 떠났다가 곰의 먹이가 되었고, 어떤 이는 나무의 움직임을 멀리서 신중히 바라보다 다른 길을 택했다. 우리는 이러한 생존 능력을 발휘해 살아남은 이들의 후손인 셈이다. 그렇게 인간은 부정적인 정보에 민감하게 반응하도록 뇌를 발달시키며 진화했다. 다시 말해, 우리 뇌는 혹시 있을지 모르는 위험을 예민하게 포착하는 '부정편향성'을 가진다. 뇌가 우리의 생존을 위해 열심히 일하는 동안 우리가 경험하는 모든 감각과 감정, 생리작용의 복합체를 우리는 '불안'이라고 부른다.

하지만 때로 불안은 생존이라는 차원을 넘어서기도 한다. 인간이라면 누구나 가지는 기본 욕구에 대한 연구들이 있다. 에이브러햄 매슬로Abraham Maslow의 욕구 5단계 이론이 대표적이다. 매슬로에 따르면, 인간은 먹고 배설하는 '생리적 욕구'와 안전하다고 느끼고 싶은 '안전의 욕구'라는 생존 욕구를 가진다. 뿐만 아니라 사랑받고 소속감을 느끼고 싶은 '사랑과 소속의 욕구', 주목받고 인정받고 싶은 '존경 욕구', '자아실현의 욕구'도 인간의 기본 욕구다. 인간은 사회적 동물이기에 생존 욕구가 충족되어도 다른 욕구가 충족되지 않으면 불안하다고 느낀다. 먹고 사는 데 별다른 부족함이 없는데도 막연한 불안감이 느껴진다면 채워지지 않은 사회적 욕구 때문일 수도 있다. 이처럼 불안은 위험한 상황에서 목숨을 지켜 줄 뿐만 아니라 '어떤 삶을 살아갈지'와도 밀접한 관련이 있다.

이러한 점에서 인간에게 불안은 경고 알람과도 같다. 위험에 처했을 때 생명을 보호하도록 신체를 빠르게 준비시키고, 우리가 진정 원하는 것으로부터 삶이 멀어져 갈 때에도 '이게 정말 네가 원하는 게 맞아?'라며 주의를 환기시켜 주기도 한다. 다만 그 알람이 꼭 필요할 때만 작동하지 않고 시도 때도 없이 울려 댄다는 것이 문제다. 현대의 도시인이 곰이나 호랑이 같은 야생의 공격자를 만날 일은 좀처럼 없다. 그런데도 우리는 세렝게티 초원의 초식 동물만큼 일상을 살아가는 데 불안을 느끼고 스트레스를 받는다. 유례없는 취업난, 치솟는 집값, 글로벌 금융위기, 코로나19, 늘어나는 강력범죄, SNS에 넘쳐 나는 비교 대상…. 이 모든 것들이 오늘날 우리의 곰이자 호랑이다. 이렇게 사람의 몸과 마음을 공격하는 적은 더 교묘해지고 다양해졌다.

호르몬 분비, 교감신경계의 각성, 스트레스 반응 등 불안할 때 우리 몸에서 일어나는 일들은 비교적 많이 알려진 편이다. '과도한 스트레스는 만병의 원인이다'라는 말은 초등학생도 아는

100세 건강 수칙 가운데 하나일 거다. 그에 비해 불안할 때 우리 마음에서 일어나는 복잡한 일들은 상대적으로 덜 알려져 있다. 그래서 이제부터 불안이 마음에서 어떻게 만들어지고 강화되는지에 대해 자세히 살펴보고자 한다.

우리가 스스로 만들어 내는 불안의 메커니즘이 무엇일까? 우리가 느끼는 불안의 실체가 무엇이길래, 불안이 습관이 되어 버리는 걸까? 지난 수십 년간 가장 활발하게 연구되고 있는 뇌과학 분야의 연구 자료와 심리학, 철학 등 다양한 분야의 지식을 바탕으로 내 안의 불안을 이해하고 그와 좋은 친구가 되는 방법에 대해서 이야기해 보고자 한다. 또한 불안이라면 남부럽지 않게 겪어 본 저자의 개인적인 경험 및 정신건강의학과 전문의, 전문 상담사를 만나면서 배운 노하우와 지혜까지 최대한 담았다. 이 모든 이야기들을 통해 여러분이 '불안의 쓸모'를 다시 한번 떠올리곤 적극적으로 활용하기를 바란다. 불안이 낯선 독자에게는 불안과 마주하며 그것을 통해 나 자신과 더욱 친해지는 계기가, 끈질긴 불안에 시달려 온 독자에게는 불안과의 해묵은 관계를 바꾸는 계기가 될 것이다.

내 앞에 놓인 삶을 단 1분만 버티는 것이 목표일 정도로 깊은 우울증에 시달린 적이 있었다. 자동차와 대중교통을 아예 못 타게 되는 것이 아닌지 걱정해야 했던 공황장애도 겪었다. 그 어디에서도 삶의 의미를 찾을 수 없을 것 같은 절망을 느끼던 날도 있었다. 사람에게 상처받고 믿음이 깨지는 큰 상실도 겪어 보았다. 그때마다 마음속의 불안은 나를 더 힘들게 했다. 하지만 그런 불안과의 관계를 대등하게 바꾸자, 놀랍게도 불안은 언제나 의지할 수 있는 쓸모 있는 친구가 되어 주었다. 이제는 불안할 때 '내가 이상한 건가' 하는 자기파괴적인 질문 대신 '지금 내게 무엇이 필요하지?' 하는 건설적인 질문을 던질 수 있게 되었다. 삶은 늘 예측할 수 없으니, 언제든 또 다른 어려움을 만나게 되겠지만 이제는 두 팔을 벌려 내 삶에 펼쳐지는 모든 순간을 환영한다. 이런 기적 같은 변화가 이 책을 펼친 독자 여러분의 삶에도 스며들기를 소망한다.

불안을 통해
나를 발견하고 사랑하기 시작한 길 위에서

우보영

불안의 얼굴 그려 보기

잠시 조용히 집중할 수 있도록 주변을 정리한 후, 바르게 앉아 편안하다고 느껴질 때까지 숨을 들이마셨다가 내쉬기를 반복하자. 편안해지면 눈을 감고 당신의 마음을 불편하게 만드는 상황을 떠올려 보자. 지난번 말아먹은 면접시험, 친구와 말다툼하던 며칠 전, 다음 주 고객사 미팅… 이때 몸에서 느껴지는 변화가 있는가? 심장이 쿵쾅대는지, 숨이 가쁜지, 통증이 느껴지는지 등 어떤 부위에서 무슨 감각이 느껴지는지 집중해 들여다보자. 눈에 보이지 않는 불안은 나의 몸에서 어떠한 감각으로 관찰되고 있을까?

이제 눈을 뜨고 빈칸에 불안의 모습을 그려 보자. 내가 느끼는 불안에 형태나 이미지가 있다면 어떤 모습일까? 사람, 동물 또는 무생물, 어떤 것이든 될 수 있다. 얼굴이 있다면 표정도 그릴 수 있을 것이다. 분명한 형체가 없는 덩어리거나 색깔이어도 상관없다. 자유롭게 내가 느끼는 불안의 모습을 표현해 보자. 당신의 불안과 마주하는 첫 순간이다.

Part 1

불안한 생각

동물도 불안을 느낄까? 반려동물을 키워 본 사람이라면 아마 그렇다고 답할 것이다. 주인이 오랫동안 보이지 않으면 동물도 불안을 느낀다. 단세포 생물인 아메바조차 뜨거운 불을 만나면 달아난다. 아메바는 뇌도 없고 다리도 없으니 '달아난다'라는 표현이 정확하지는 않지만, 살아남기 위한 본능과 관련해 아메바도 불안을 느낀다. 다만 이들의 불안은 위협이 끝나는 순간 곧바로 사라진다.

그러나 인간의 불안은 다르다. 인간은 현재의 위협뿐만 아니라 과거의 기억 그리고 미래의 예측 때문에도 불안하다. 인간만이 갖는 이러한 독특한 불안의 특징은 바로 '생각'에서 온다. 생각은 현재에만 머물지 않고 늘 과거와 미래를 넘나들며 불안할 이유를 찾는다. 생각하는 능력이 없다면 다른 동물들처럼 현재만을 살 수 있을까? 아쉽게도 우리는 그렇게 태어나지 않았기에 다른 방법을 찾을 수밖에 없다. 우리는 '생각'에 대해 다시 생각해야 한다. 우리의 생각은 그렇게 믿을 만하지 않다.

1

끊임없이 재생되는
불안한 생각

"나는 생각한다. 고로 존재한다." 서양 근대 철학의 아버지로 불리는 데카르트 René Descartes가 남긴 유명한 말이다. 인간의 사유 능력은 존재의 증거가 될 정도로 강력한 것인가 보다. 하지만 정작 우리는 자신의 생각에 대해 얼마나 알고 있을까? 내 생각은 온전히 내 것일까? 프로이트 Sigmund Freud가 무의식의 세계를 발견한 이후, 현대 철학자들 사이에서는 인간의 생각하는 능력, 즉 이성理性과 합리성에 너무 큰 중요성을 부여했다는 반성이 있었다. 뇌과학자들의 연구에 따르면 뇌의 활동 중 95% 정도는 의식을 거치지 않고 이루어진다고 한다. 일상에서 우리는 대부분의 생각을 의식하지도, 의심하지도 않는다. 우리가 하고 있는 생각을 의식하고 또 의심해 보면 어떤 일이 일어날까?

내 머릿속의 혼잣말

여러 가지 생각을 '오만가지 생각'이라고 관용적으로 표현한다. 이 말에는 놀랍게도 과학적인 근거가 있다. 하버드 대학에서 실행한 연구에 따르면 사람들은 평균적으로 하루에 오만 번 이상의 생각을 한다. 우리는 끊임없이 생각하고 있는 것이다. 심장 박동 소리나 냉장고 돌아가는 소리처럼 계속 발생하기에 잘 인식하지 못할 뿐이다. 그런데 이렇게 수많은 생각 가운데 대부분은 자기 자신에게 말하는 독백의 형태로 일어난다. 머릿속에서 혼잣말이 종일 재생되는 것이다.

아마존 베스트셀러 작가인 개리 비숍 Gary J. Bishop은 저서 『시작의 기술』에서 우리는 다른 사람과 대화하는 것보다 훨씬 더 많이 자기 자신과의 대화, 즉 '셀프 토크 self-talk'를 하며 살아간다고 말했다. 한번 의식적으로 귀를 기울여 보자. 아침에 일어나서, 출근길에, 일하면서, 쉬면서, 운동하면서, 밥을 먹으면서, 걸으면서, 뉴스를 보면서, 책을 읽으면서, 뭔가를 배우면서, 친구의 이야기를 들으면서, 심지어 기도하거나 명상하는 순간에도 당신은 생각을 하고 있을 것이다. 이 소리가 얼마나 끊임없이 들리고 있는지 깨닫는 순간 소름이 돋을지도 모른다. 우리는 아주 가끔씩만 이 소리를 의식한다. 냉장고 돌아가는 소리가 잠시 멈추고 고요해진 순간 내내 시끄러웠던 모터 소리를 의식하기 시작하는 것처럼. 우리는 머릿속에 끝없이 자동 재생되는 혼잣말에 너무 익숙해져 있다.

내 머릿속의 혼잣말을 의식해야 하는 이유가 있다. 이 혼잣말의 말투가 우리가 생각하고 느끼는 방식에 깊은 영향을 미치기 때문이다. 심리학자 앨버트 엘리스Albert Ellis는 이 '마음속의 문장들'을 바꿈으로써 생각을 바꾸고 감정을 다스릴 수 있다고 했다. 삶에서 겪는 일들이 어렵고 힘들다고 생각하면 할수록 삶은 실제로 힘들고 어렵게 느껴진다. 도전적인 과제 앞에서 이런 내면의 목소리를 들어본 적이 있을 것이다. '아, 너무 어려운데. 아무래도 못 할 것 같아.' 그와 동시에 몸이 긴장되고 어깨가 처질뿐더러, 진짜 자신감까지 줄어든다. 내 안의 목소리는 이처럼 우리에게 큰 영향력을 행사한다. 아주 미세하고 작아서 잘 의식되지 않는 것조차도 그렇다.

내면의 비판자가 말하고 있습니다

불안을 느끼는 사람들의 혼잣말은 너무나 일관적으로 부정적이어서 여기에 가상의 캐릭터를 부여해도 될 정도다. 고개를 삐딱하게 기울인 채 우리를 내려다보며 일거수일투족 트집을 잡아 대는 이 가상의 캐릭터를 심리학자들은 '내면의 비판자'라고 부른다. 모든 사람의 마음속에 내면의 비판자가 살고 있지만 불안한 사람들에게 이들의 존재감은 굉장하다. 그들은 선거 유세하는 후보들처럼 10톤 트럭을 타고 머릿속을 종횡무진 돌아다니며, 마이크 볼륨을 최대치로 높인 채 쉴 새 없이 말을 쏟아 낸다. '이것밖에 못 해?', '네가 하는 일이 그렇지 뭐', '내가 너 이럴 줄 알았다.' 그들이 하는 말은 그때그때 다르고 사람마다 다르지만, 대체적으로 신경질적인 부모나 엄격한 선생님 또는 예민한 감독관의 모습이 떠오를 법한 말들이다.

이쯤에서 잠시 나의 내면의 비판자를 소개하겠다. 그는 완벽주의에 심한 강박 성향을 가지고 있다. 학창 시절을 돌아보면 나는 늘 이놈 때문에 피가 말랐다. 나름대로 열심히 공부하고 시험을 봤지만 원하는 결과에 미치지 못할 때면 어김없이 그가 등장했다. 100점을 받지 못했다면 이때까지 내가 들인 노력은 0점과 다를 바 없었다. 그는 100점, 1등, 완벽이 아니면 무가치하다고 여겼다. 그저 채찍질만 해 대고 칭찬이나 격려를 하는 법이 없었다. 맘 편히 쉬는 꼴도 가만히 두고 보지 못했다. '그렇게 시간 낭비를 하니까 늘 그만큼밖에 못 하지. 열심히 안 하는 건 죄야. 넌 최선을 다하지 않았어.' 더군다나 내면의 비판자는 내 감정도 억누르게 했다. 그는 슬퍼하거나 다른 사람 앞에서 눈물 보이는 것을 딱 질색한다. 나약함의 표시라고 생각하기 때문이다. '고작 이런 일로 울면 앞으로 어떡할래?' 반대 상황에도 마찬가지였다. 좋은 일이 있을 때나 나름의 성취를 이뤄 냈을 때 기쁨과 만족감을 충분히 느끼지 못하게 방해하곤 했다. 불쑥 나타나서 '운이 좋았네. 다음에도 잘하리라는 보장은? 자만하지 마'라고 말하며 내 기분을 망쳐 놓고는 홀연히 사라졌다. 찔러도 피 한 방울 안 나올 것 같은 냉혈한. 그게 바로 나의 내면의 비판자다.

그러나 여기서 잊지 말아야 할 점이 있다. 내면의 비판자는 다른 누구도 아닌 나 자신이다. 살면서 만난 어떤 사람도 나에게 그렇게 가혹하지 않았다. 오직 내 자신에게 유독 가혹했다. 다른 사람에게는 친절하고 이해심을 베풀면서 나 자신에게만 야박했음에도 오랫동안 그렇게 해 왔다는 것을 자각하지 못했다. 명상 수행을 가르치는 심리학자 타라 브랙Tara Brach 박사는 내면의 비판자가 가진 위력을 잘 알고 있었다. 내면의 비판자가 우리를 지배하도록 두면, 우리는 우리 자신을 무능하고 무가치한 존재로 여기게 된다. 일종의 나쁜 최면 상태에 빠져드는 셈이다.

이 목소리를 전부 믿어야 할까?

내가 오랫동안 내면의 비판자가 활개 치도록 내버려 둔 이유는 무엇이었을까? 그 이유를 깨닫게 되었을 때, 나는 너무 황당했다. 알고 보면 어이없을 정도로 단순한 이유였다. 그 사람의 목소리가 내 목소리였기 때문이다. 내 목소리로 말을 걸어왔기 때문에 의심하거나 거부할 기회도 없이 그냥 받아들였던 것이다. 만약 똑같은 얘기를 다른 사람의 목소리를 통해서 들었다면 한 번쯤 의심했을 것이다. '아닌데, 아닌데? 이만하면 열심히 했고 나는 충분히 만족하는데?' 하고 말대꾸도 여러 번 했을 것이다. 하지만 머릿속에서 들리는 목소리는 너무나 익숙했다. 그건 내 목소리였고, 내 생각이었다. 내 생각이 틀렸을 거라 의심하는 것은 모두가 알다시피 '생각'보다 쉽지 않다.

이처럼 우리는 종종 생각을 의심하지 않는 탓에 그것에 지배당한다. 심리학자 스티븐 헤이즈^{Steven C. Hayes}는 이런 현상을 두고 자신의 생각을 관찰하지 않고, 생각을 통해 세상을 관찰하기 때문이라고 지적했다. 자기 생각을 객관적으로 바라보기가 어렵기에 일어나는 일이라는 말이다. 그럼 그게 왜 어려울까? 생각은 눈에 보이지 않으며 기록되지 않은 채 휙 지나가 버리기 때문이다. 또한 그것이 익숙한 목소리일뿐더러 쉼 없이 계속 재생되기 때문이다. 만약 내면의 비판자가 이야기할 때마다 기록해서 글로 써 두었다면 '이… 이 성격파탄자야!' 하면서 그의 최면에서 훨씬 쉽게 빠져나올 수 있었을 것이다. 글이라는 형태를 갖춘 채 종이에 머무르는 생각을 관찰하면 쉽게 허점을 찾아낼 수 있으니 말이다.

이렇게 내면의 비판자의 허점을 찾아내는 과정을 심리학에서는 '인지적 탈융합'이라고 한다. '탈융합'이라는 것은 말 그대로 융합의 상태를 벗어난다는 뜻이다. 서로 다른 모양의 플라스틱 물병 두 개에 뜨거운 열을 가하면 녹아서 하나의 플라스틱 액체가 된다. 이처럼 서로 다른 것이 구별할 수 없이 섞인 상태가 융합이다. 의식하지 않으면 생각은 다른 것과 매우 쉽게 융합될 수 있다. 어떤 생각이 들었다고 해서 그 생각에 따라 행동해야 한다고 믿는다면 생각과 행동의 융합 상태에 있는 것이다. 예를 들어, 내가 스스로를 재미없는 사람이라고 생각했다고 치자. 그럼에도 나는 여전히 사람들과 어울리는 자리에 가서 대화를 나눌 수 있다. 하지만 내가 그럴 수 있을 만한 사람이 아니라고 생각해서 그 자리에 가지 않는다면? 생각을 교정할 기회를 잃어버리고 나는 내 생각이 만든 바로 그 사람이 되고 만다.

이런 융합은 결코 바람직하지 않다. 외골수적인 생각에 지배당할 수 있기 때문이다. '기분이 태도가 되어서는 안 된다'라는 말처럼 우리는 오늘 출근할 기분이 아니라고 해서 무단으로 출근을 하지 않거나 대충 일할 수 없다. 기분과 태도를 분리할 수 있듯이 생각과 행동 또한 분리할 수 있어야 한다. 그러지 못하면 생각의 노예가 된다. 부정적인 생각을 하고 있다고 의식하는 것은 인지적 탈융합의 첫 단계가 된다. 하루 동안의 오만 가지 생각 중에서 어떤 것이 내면의 비판자가 떠드는 것인지 구별해 보자. 불안을 다루는 데 있어 의미 있는 시작점이 될 것이다.

2

내 생각 밑에 깔려 있는
이름 모를 두려움

앞서 등장한 내면의 비판자가 하는 일을 한마디로 요약하면 자기비판self-criticism이다. 물론 성장과 발전을 위해 자신을 냉정하게 평가하는 자기비판적 자세도 필요하다. 하지만 정도를 잃고 주객이 전도되는 순간, 이는 순기능을 잃고 자책을 불러일으키며 심하면 자신이 무가치한 사람이라고까지 느끼게 만든다. 여기에 내면의 비판자에게서 마이크를 뺏어야 하는 또 다른 이유가 있다. 자기비판을 많이 하는 사람일수록 자신에 대한 긍정적인 평가가 점점 어려워지면서 불안감이 높고 우울증에 빠지기 쉽다는 연구 결과가 있다. 부정적인 생각을 멈추지 않는다면 내 머릿속에서 무슨 일이 일어나기에, 왜 늪에 빠지듯 점점 더 비판의 강도가 강해지는 것일까?

내 생각이 뇌를 바꾼다

예전에 친구가 『논어』를 읽겠다고 호기롭게 나섰다가 어려워서 3일 만에 포기했다며 이런 말을 했다. "뇌 주름이 다 사라졌나 봐. 내 뇌는 이제 한자가 많은 글을 읽을 수 없는 뇌가 되었어." 그게 무슨 허무맹랑한 말이냐며 웃고 넘겼지만, 우리가 뇌를 어떻게 쓰냐에 따라 뇌의 구조가 물리적으로 바뀔 수도 있다는 이야기는 점차 과학적 사실로 밝혀지고 있다.

20세기 뇌신경과학의 가장 중요한 발견으로 불리는 '신경가소성neuroplasticity'이란 우리가 살아가는 동안 마음을 사용하는 방식을 포함해 모든 경험이 실제로 뇌의 활동을 변화시키고 뇌를 물리적으로 바꾼다는 사실을 말한다. 어떻게 뇌가 물리적으로 바뀐다는 것일까? 뇌를 자세히 살펴보면 뇌세포인 '뉴런neuron'이 있고, 뉴런 사이에 '시냅스synapse'라고 하는 영역이 있다. 뉴런 자체는 한 번 만들어진 이후에 더 이상 그 수가 증가하지 않지만 시냅스라는 연결 고리를 통해서 어떤 뉴런끼리 어떤 패턴으로 함께 작동하게 되는지는 우리가 죽는 날까지 변화한다. 즉 1,280억 개의 뉴런으로 만들어질 수 있는 신경 회로의 패턴은 무한에 가깝다는 것이 신경가소성의 핵심이다.

따라서 UCLA 정신의학과 대니얼 시겔Daniel J. Siegel 교수는 "모든 일이 뇌를 바꾼다"라고 했다. 우리가 무슨 일에 뇌를 사용하는지, 무슨 생각을 하고 어떤 감정을 느끼는지에 따라 뇌는 실시간으로 뉴런의 연결 패턴을 바꾼다. 비유적으로 말하자면 뉴런의 연결(신경 회로)은 길이다. 우리 뇌 속에는 수많은 '생각 길', '느낌 길', '습관 길'이 있다. 자주 다니는 길은 점점 더 넓어지고 잘 다니지 않는 길은 좁아지다가 아예 끊어져 버린다. 따라서 부정적인 생각을 할수록 부정적인 생각 길은 점점 넓어지는데, 이 길이 넓어지고 잘 닦이면 도무지 이 길 아닌 다른 길로 가기가 어려워진다. 우리는 그렇게 자기비판, 불평, 불만과 친해진다.

이것은 반대로 말하면 부정적인 생각이 떠올랐을 때 그 즉시 의식적으로 알아차리고 멈추면 뇌를 바꿀 수 있다는 뜻이다. 그러니 불편한 생각이 떠올랐을 때 이를 의식하고 멈추기 위해 외치는 구호를 정해 두면 좋다. 나는 회의적인 생각이 떠오르려고 할 때마다 마음속으로 '스톱' 또는 '타임'을 외친다. 이렇게 외치는 순간 자동적으로 연결되고 있던 부정적인 생각 길 앞에서 머리를 돌려 다른 길로 갈 수 있다. 어떠한 생각이 들 때 알아차리고 멈출 수 있는 것만으로도 뇌의 생각 길은 대대적인 보수를 시작하게 된다. 단 한 번 극단적인 우울을 겪기만 해도 다음번에는 더 쉽게 우울에 빠진다는 연구 결과가 있다. 그만큼 우리 뇌에 새겨진 생각 길은 강력한 힘을 가진다. 하지만 이것은 생각 길을 알아차리지 못하고 그냥 내버려 뒀을 때의 얘기다. 우리는 부정적인 생각과 감정의 오래된 길을 의식적으로 알아차리고 멈춤으로써 이 길을 점점 좁히고 결국에는 부정적인 신경 회로의 패턴을 끊을 수 있다. 그리고 보다 자유롭고 충만한 삶을 살아가는 새로운 생각 길을 넓혀 나갈 수 있다.

내면의 비판자, 너 정체가 뭐니?

자기비판을 되뇌는 내면의 비판자는 부정적인 생각 길을 건설하는 도로교통공단 관리자라 할 수 있다. 그럼 내면의 비판자는 도대체 어디서 온 것일까? 한 사람의 불안을 끝까지 파고들어 가면 그 안에 자리한 내면의 비판자의 정체를 발견하게 된다. 그의 진짜 정체는 흑마법사도 아니고 무서운 심판관도 아니다. 오히려 자신이 비난받고 거부당할까 봐 두려움에 덜덜 떨고 있는 어린아이에 불과하다. 그는 내처지는 경험이 너무나 무서운 나머지 우리를 끊임없이 다그치는 것이었다. 내면의 비판자의 실체를 안 이상, 더는 이 어린아이를 두려워할 필요가 없다. 반대로 이 아이가 무엇을, 왜 그렇게 두려워하는지 관심 어린 시선으로 바라볼 수 있다. 내면의 비판자가 두려움을 키워 온 배경에는 다음과 같은 잘못된 믿음이 있다.

- 사랑받기 위해서는 무언가 내세울 게 있어야지.
- 남이 알아주지 않으면 무슨 소용이야?
- 찍 소리 못 하게 해내지 않으면 우습게 보일 거야.
- 남들은 치열하게 살고 있는데, 이렇게 마음 편하게 있어도 돼?
- 계획대로 살지 않으면 인생을 망치게 될 거야.
- 이런 식이면 다들 나한테 실망할 텐데.
- 소란 일으키고 싶지 않아. 갈등은 피해야 해.

내면의 비판자가 갖고 있는 세상에 대한 믿음은 이와 같다. 우리는 살아가며 부모나 또래 집단, 미디어 등 사회로부터 주어진 이러한 믿음들을 알게 모르게 마음 깊은 곳에 내면화하고, 이는 점차 반드시 지켜야 하는 절대 원칙으로 자리 잡는다. 그러는 동안 내면의 비판자는 계속해서 몸집을 키워 온 것이다. 이런 믿음의 공통점은 우리가 삶을 대하는 태도를 생존 모드로 만든다는 것이다. '반드시 ~해야 해', '절대로 ~해서는 안 돼'와

같은 형태의 모든 믿음은 '방심하면 죽는다'처럼 생존의 위협을 느낄 때나 할 법한 생각의 틀이다. 생존 모드에서는 불안, 두려움 같은 감정이 우리의 감각을 완전히 사로잡는다. 이런 상태에서는 더 자유롭게 삶을 실험해 보고 경험하는 탐험 모드로 전환하기 어렵다.

하지만 그렇다고 해서 내면의 비판자를 거칠게 몰아내려고 애쓸 필요는 없다. 그것은 다른 누구도 아닌 나 자신의 일부면서 동시에 그저 두려움에 떨고 있는 아이의 모습이기 때문이다. 그 아이에게 필요한 것은 그가 느끼는 두려움을 함께 바라보고 인정해 주는 것이다. 우리는 그에게 그러지 않아도 괜찮다는 것을 알려 줄 수 있다. 겁에 질린 내면의 비판자를 어떻게 하면 진정시킬 수 있을까? 세상은 네가 생각하는 것처럼 두려운 것으로만 가득 차 있지 않다고 말해 보면 어떨까?

잘 자라, 내 마음아

내면의 비판자를 잠재우는 첫 번째 방법은 그 목소리를 서너 살짜리일 때의 내 모습으로 바라보는 것이다. 누구나 마음속에 두려움이 많은 어린아이가 살고 있다. 이제부터 마음속에서 자기 비판이 재생되려고 할 때마다 그 말이 아이의 목소리로 들려온다고 생각하자. 그러면 당신은 그 아이보다 성숙한 어른으로서 아이의 두려움을 포용할 수 있을 것이다. 이렇게 말해 보자. '지금 사람들의 말 때문에 상처받을까 두렵구나. 이해해. 하지만 괜찮아. 내가 함께 있어. 나는 너를 평가하지 않아.'

마음속에서 날뛰고 있던 내면의 비판자를 진정시키고 나면, 이제 그 아래에 깔린 믿음이 무엇이었는지 들여다보자. 내면의 비판자를 잠재우는 두 번째 방법이다. 심리학 용어로 표현하면, 비합리적 신념에 기반한 '인지 왜곡' 또는 '인지 오류'를 찾아내는 작업이다. 마음속 어린아이를 낭떠러지로 몰아세워 겁먹게 만드는 믿음은 비합리적 신념이다. 세상을 전쟁터로 바라보고 살면 세상은 정말 전쟁터가 되고 만다. 내면의 비판자가 굳게 지켜 온 믿음을 조금 바꾸어 보자.

- 사랑받기 위해서 꼭 무언가를 성취하지 않아도 돼.

- 나의 가치는 내가 만들어 가는 거야.

- 완벽하게 해내지 않아도 사람들은 나를 비난하지 않아.

- 다들 이런 편안한 마음을 얻으려고 노력하는 거 아니겠어?

- 꼭 계획대로 살지 않아도 인생을 잘 살아갈 수 있어.

- 누군가 실망한다면 그건 어디까지나 그 사람의 생각일 뿐이야.

- 갈등은 어디에나 있을 수 있고, 대화로 해결해 나갈 수 있어.

단어 몇 개만 바꿨을 뿐인데 긴장이 풀리고 숨통을 틔울 수 있는 문장이 된다. 딱 한 뼘만큼만 생각의 자세가 풀어지면 나답게 살아 볼 용기가 생긴다. 무엇보다 우리 마음에는 내면의 비판자만 살고 있지 않다. 늘 채찍만 휘두르는 이 망나니를 "잘 자라, 내 마음아" 하고 차분히 재워 주는 이가 있다. 웬만한 일에 늘 '뭐… 그럴 수도 있지'라고 말하는 경험 많고 세상일에 다소 초연한 노인, 그렇지만 무한정의 애정을 품은 이 목소리의 주인은 '내면의 관찰자'다. 내면의 관찰자는 너무나 조용한 나머지 얼핏 보면 졸고 있는 것처럼 보인다. 그래서 그를 깨우는 데는 약간의 노력이 필요하지만, 한번 내면의 관찰자를 깨우면 마음속에 떠오르는 여러 가지 생각들에 휩싸이지 않고 있는 그대로 세상을 바라볼 수 있다. 다음 장에서 내면의 관찰자를 깨우는 방법을 살펴보자.

3

생각에서 한 발자국만
떨어져 바라본다면

우울증을 앓았던 10대 끝자락에서 내가 병원보다 자주 갔던 곳이 있다. 바로 백화점이었다. 아무것에도 의욕이 없고 밖에 나가는 것 자체가 힘들었지만, 힘을 내서 백화점에 가기만 하면 기분 전환이 되고 에너지를 얻을 수 있었다. 구경 나온 사람들의 들뜬 목소리와 각종 화장품과 향수 냄새, 톡톡 튀는 알록달록한 옷들. 반짝반짝하는 시청각적 자극에 주의를 빼앗긴 동안만큼은 잠시 우울한 생각에서 벗어날 수 있었다. 『죽고 싶지만 떡볶이는 먹고 싶어』라는 에세이 제목이 화제가 되었을 때, 나는 10대 말에 보았던 백화점 풍경을 떠올렸다. 부정적인 생각에서 한발 멀어지는 과정이 함축적으로 담겨 있는 세 글자. 겨우 떡

볶이 때문에 죽고 싶다는 무겁고 극단적인 생각으로부터 멀어질 수 있다니, 어찌나 간단한지! 생각에 사로잡히지 않기 위해 우리에게 필요한 것은 이처럼 딱 한 발자국만 그 생각으로부터 멀어질 수 있는 능력이다.

당신은 당신의 생각이 아니다

이성복 시인은 한 글쓰기 강의에서 글쓰기가 힘들 때 떠올리는 몇 가지 원칙이 있다고 말했다. 그중 첫 번째 원칙은 이렇다. "네가 쓰는 글은 너의 글 이상도 이하도 아닌, 정확히 너의 글이다. … 네 글 좋다고 해서 네가 올라가는 것도 아니고, 네 글 나쁘다고 해서 떨어지는 것도 아니다." 내가 쓰는 글은 나의 글일 뿐이니 조급해하지도, 과한 의미를 부여하지도 말고 그저 쓰라는 것이다. '나'는 단편적인 생각이나 몇 차례의 행동보다 더 큰 존재이며, 이 모든 것을 관찰할 수 있는 더 높은 의식을 가졌다. 좋은 글을 쓴다면 '좋은 글을 쓰는 사람'이 되지, '좋은 사람'이 되지 않는다.

그러나 우리는 생각과 자기 자신을 쉽게 동일시하곤 한다. 생각이 너무 익숙하다 보니 내가 하는 생각이 곧 나 자신이라고 믿어 버리는 것이다. 그런데 정말 내 생각이 나일까? 하루에도 온갖 잡다한 생각이 어디에선가 흘러왔다가 다시 어디론가 흘러가 버리는데, 어떤 생각 하나로 나 자신을 설명하기에 나의 의식은 너무나 큰 존재다. 내가 하는 생각은 나의 일부분일 뿐이다. 만약 나 자신을 나의 생각으로 규정한다면, 그건 마치 손을 가리켜서 '나는 내 손이다' 하거나 발을 가리켜 '나는 내 발이다' 하는 것과 같은 오류다. 내가 나 자신을 어떤 사람이라고 여긴다고 해서 그 자체로 나 자신이 되는 것은 아니다.

더욱이 인간은 누구나 실수를 한다. 성장하는 과정에서 실수는 피할 수 없고 처음부터 완벽하게 배우는 사람은 없다. 불안한 걸음마를 떼던 우리가 마침내 걷기까지 얼마나 많은 엉덩방아를 찧었을까? 엉덩방아를 찧을 때마다 '난 걸을 수 없는 사람이야'라고 생각했다면 우리는 두려움에 사로잡혀 영원히 걷지 못했을지도 모른다. 그런데 다 큰 우리들은 실수한 행동doing을 나의 존재being 가치와 동일시하는 일을 스스럼없이 하곤 한다. 말실수를 해서 사랑하는 사람에게 상처를 주고 이별한 뒤 '나는 사랑받을 자격이 없는 사람'이라는 해석을 하는 경우가 이런 경우다. 하지만 나의 실수가 나라는 존재를 결정지을 수는 없다.

이러한 비합리적 신념과 생각의 오류를 가지고 있음을 알아차리고, 이를 바꾸는 방식을 심리학에서는 '인지 치료'라고 부른다. 인지 치료의 핵심은 내면의 관찰자를 깨우는 것과 일맥상통

한다. 물론 인지 치료만으로 부정적인 사고방식에서 긍정적인 사고방식으로 한 번에 점프하기는 어렵다. 그보다는 자신의 생각, 감정, 행동과 실제 자신 사이에 일정한 거리감을 형성하는 것이 인지 치료가 가지는 효과다. 우리가 믿어 왔던 고정관념에 빈틈이 생기면 그곳에서 변화의 싹이 피어날 수 있다.

무한한 생각에 틀 씌우기

출퇴근 시간에 사람들로 빽빽한 '지옥철' 속에 끼여 있으면, 눈만 끔벅이면서 숨 쉬는 것 외에는 아무런 생각도 할 수 없을 것 같은 느낌이 든다. 나는 그렇게 옴짝달싹하지 못할 때면 3년 전 미국의 그랜드캐니언에서 보았던 광활한 대자연을 떠올리곤 한다. 뻥 뚫린 하늘과 대지, 시야에 다 담기지 않는 거대한 협곡. 그곳에서는 어떤 문제도 다 받아들일 수 있을 것 같은 여유와 넉넉함이 마구 솟아났다. 그랜드캐니언에서 넓은 공간만 본 것은 아니었다. 아주 오랜 시간도 보았다. 아무리 작게 잡아도 대략 500만 년 전부터 있었던 곳. 내가 이 세상에 없어도 그 시간만큼 또다시 그 자리에 남아 있을 그 풍경을 한참 바라보았다. 내 고민은 아무리 대단해도 겨우 백 년짜리라고 생각하자 갑자기 그동안의 모든 고민이 먼지처럼 가볍게 느껴졌다. 우리의 마음에도 이러한 공간이 있으면 얼마나 좋을까?

　이처럼 눈앞에 보이는 시야를 바꾸듯 생각의 관점을 바꾸면 마음의 공간을 확보할 수 있다. 이름하여 '생각에 틀 씌우기'다. 문득 드는 부정적 생각의 앞뒤에 언어의 틀을 씌워, 생각이 뻗어 나갈 공간을 제한하는 것이다. 방법은 무척 간단하다. '나는 ~라고 생각하고 있어'라고 덧붙이는 것이다. 예를 들어, 이번에 맡은 프로젝트가 너무 부담된다면 "나는 이번에 맡은 프로젝트가 너무 부담된다고 생각하고 있어"라고 말해 보자. 숨이 턱 막히는 생각이 들면 "나는 지금 상황에 압도당할 것 같다고 생각하고 있어"라고 말하면 된다. 틀 씌우기를 연습할수록 생각은 생각일 뿐이고, 그 자체로는 아무런 힘이 없다는 사실을 인식하게 된다.

　나는 　생각의 내용　 (이)라고 생각하고 있어.

　나는 　생각의 내용　 에 압도당할 것 같다고 생각하고 있어.

　이렇게 부정적인 생각에 틀을 씌우면 생각은 밖으로 무한히 팽창하지 못한다. 그러면 압도당할 것만 같이 느껴졌던 생각으로부터 한발 떨어져 여유 공간을 가질 수 있다. 우리는 이 여유 공간만큼 관찰할 수 있고, 그만큼 성장할 수 있다.

마음 장벽이 약한 사람을 놀리는 말로 '유리 멘털' 또는 '두부 멘털'이라는 말을 한다. 정신mental이 잘 깨지고 쉽게 으깨진다는 것이다. 하지만 강한 멘털이라는 말처럼 유니콘 같은 것도 없다. 마음 장벽이 처음부터 강하기란 불가능하다. 그러니 강한 정신을 가지기 위해 애쓸 필요도 없다. 그저 한숨을 깊게 후 내쉰 뒤에 한발 물러날 수만 있으면 된다. 물러날 수 있으면 관찰할 수 있고, 관찰할 수 있으면 불안으로부터 한 걸음 멀어질 수 있다.

생각의 힘을 약화시키고 마음의 여유 공간을 확보하는 또 다른 방법은 생각을 둘러싼 시간을 확장하는 것이다. 쉽게 말해 '이 또한 지나가리라' 정신이다. 어떤 문제가 자꾸 떠올라 불안하다면, 그 생각 바로 뒤에 한참 후의 미래를 떠올려 보는 것도 좋다. 10년 후, 20년 후, 50년 후를 상상해 보자. 그때의 나도 같은 문제로 고민을 하고 있을까? 절대 그렇지 않을 거다. 불행인지 다행인지, 인생은 우리에게 계속 새로운 숙제와 고민거리를 안겨 준다. 극단적으로 긴 시간을 상상할 수 있다면 지금의 문제를 더 작게 만들 수 있다. 사랑하는 가족과 맞을 이별의 순간이 두려워질 때면 나는 그보다 훨씬 더 먼 시간을 상상해 본다. 이별의 슬픔을 지나 나조차도 이 세상에 없는 시간, 가끔씩은 SF 영화처럼 태양계의 종말이나 우주의 종말까지도 상상해 본다. 그러다 보면 어느새 처음 생각은 어딘가로 흘러가 버린 뒤였다.

멀리서 마음을 들여다보는 내면의 관찰자처럼

처음 공황발작을 겪었을 때, 나는 그 생소한 경험에 완전히 매몰되어 버렸다. 공황이라는 거대한 파도에 완전히 집어 삼켜져 이리저리 휩쓸리는 듯했다. 심장이 두근거리고 호흡이 가빠지고, 몸이 붕 뜨는 것 같은 신체 감각은 나를 극도의 불안과 공포의 상태로 몰아넣었다. 그 순간 느낀 모든 생각과 감정, 경험은 '이러다 진짜로 죽겠다'라는 한 문장으로 귀결되었다. 생전 처음 느껴 보는 감각에 놀라 정신건강의학과를 찾았더니, 담당 선생님께서 불안이 느껴질 때 적으라고 종이를 하나 주셨다. 종이에는 생각과 감정, 몸의 감각들을 구분해서 적을 수 있도록 칸이 만들어져 있었다.

불안을 느낄 때 어떤 신체 감각의 변화를 느꼈는지?	심장이 빨리 뛰고, 불안함에 주변을 살피게 된다. 속이 메스껍고 어지럽다. 공황이 끝난 후에는 하품이 많이 난다. 누워서 잠을 자거나 편하게 쉬면 괜찮아졌다.
불안을 느낄 때 어떤 감정을 느꼈는지?	처음에는 공포밖에 느낄 수 없었다. 나중에는 이런 일을 겪는 것이 속상하고 슬프기도 했다. 나약하게 느껴지는 나 자신에게 화도 났다.
불안을 느낄 때 어떤 생각이 들었는지?	공황의 전조증상을 느꼈을 때는 '집에 무사히 갈 수 있을까, 지하철에서 쓰러지면 어떡하지' 그런 생각을 했는데, 본격적인 공황이 시작된 후에는 나 자신을 비난하는 부정적인 생각이 엄청나게 쏟아졌다. '이런 것 하나 못 이겨 내니? 처음부터 뭐가 잘못된 거야. 넌 못 이겨 낼 거야.'

　　이 종이를 받고 '이걸 구분할 정신이 있을까? 구분한들 무슨 소용이지?'라고 생각하며 돌아가던 지하철에서 공교롭게도 태어나서 두 번째 공황발작이 찾아왔다. 식은땀이 날 정도로 정신없는 순간에도 두려움과 싸우면서 느껴지는 것들을 적어 보려고 애썼다. 처음의 의심이 무색하게 극도로 불안한 상태에서 제한적으로나마 나 자신을 관찰해 보려 했던 시도는 큰 의미가 있었다. 공포에 사로잡히는 대신, 내가 겪고 있는 일을 좀 더 객관적으로 대하자 감정적 흥분이 줄어든 것이다. 죽을 듯이 괴롭지만

이것으로 죽지 않는다는 점을 상기할 수 있었다. 남이 말해 주는 것이 아니라 스스로 '안 죽어. 괜찮아'라고 깨닫는 것, 곤경에 처한 나를 비난하지 않는 것만으로도 공황의 지속 시간과 체감 강도가 현저히 줄기 시작했다. 또한 공황이 끝나면 하품을 많이 한다는 점에서 착안하여, 이후 공황의 예기 불안*이 느껴질 때 의도적으로 하품을 해서 산소를 충분히 들이마시며 뇌에 안전하다는 신호를 보내 보기도 했다. 그랬더니 놀랍게도 실제로 심한 공황발작으로 이어지지 않았다. 관찰의 효과는 공황을 빠르게 극복하는 힘이 되었다.

패닉 상황으로부터 한 발자국 떨어지는 것. 이것은 앞 장의 끝부분에 잠깐 등장했던 내면의 관찰자의 특기다. 그는 이름에 걸맞게 나의 내면을 관찰한다. 이제 우리는 그의 시각을 빌려 보는 연습을 할 텐데, 처음부터 생각을 관찰하기는 어려우니 내가 종이에 적은 것처럼 몸의 감각부터 관찰할 것이다. 몸에서 느껴지는 감각에 주의를 기울이는 것은 생각에 주의를 기울이는 것보다 훨씬 쉽다. 신체 감각은 생각보다 훨씬 생생해서 무시하기가 힘들기 때문이다.

먼저 손가락으로 팔이나 허벅지, 볼 어디든 한군데를 골라 꼬

---

* 공황발작이 동반하는 신체 증상(과호흡, 어지러움, 질식감 등)을 감지하고, 본격적인 공황발작이 시작되기 전 불안해하는 것을 말함.

집어 보자. 너무 살살 말고, 눈 딱 감고 세게! 그리고 그 통증을 한번 관찰해 보는 거다. 처음에는 얼얼하게 아프다. 그런데 그 통증은 그 상태 그대로 멈춰 있지 않고 조금씩 변한다. 욱신거리다가, 근육이 당기는 듯하다가, 찌르르 간지럽다가 이내 사라진다.

신체 감각과 생각에는 공통점이 있다. 바로 눈에 보이지 않을 뿐만 아니라 멈춰 있지 않고 계속 변하며 흘러간다는 것이다. 그러니 신체 감각을 관찰하는 연습을 하다 보면, 흘러가는 생각도 붙잡지 않은 채 그대로 바라볼 수 있게 된다. 관찰자의 입장으로 있으면 그 어떤 것에도 완전히 매몰되지 않는다. 관찰하는 동안 생각, 감정, 감각 그 자체가 이에 대한 내 인식과 다르다는 점을 알게 된다. 가령 슬퍼서 눈물이 흐를 때 완전히 슬픔에 잠겨 버리는 것이 아니라 '내가 슬픔을 느끼고 있다는 사실'을 직시하게 된다. 이것이 내면의 관찰자가 하는 관점의 전환이다. 전환에 성공하면 감정과 생각, 신체 감각 속에서 상황을 보는 것이 아니라 감정과 생각과 신체 감각 밖에서 보게 된다.

4

구부렸다 폈다가
유연한 고양이처럼 생각하기

　어느 순간부터 온라인상에서 '이생망'과 '갓생'이라는 단어가
자주 보이기 시작했다. 이생망이란 '이번 생은 망했어'의 줄임말
이고, 갓생은 신을 뜻하는 'god'에 삶을 의미하는 '생生'을 붙인
단어로 소소한 성취감이 있는 보람찬 삶을 뜻한다. 전자는 최소
5년 전부터 밀레니얼 세대가 사용하던 단어이며 후자는 코로나
19가 성행하기 시작한 2020년부터 Z세대 사이에서 쓰이기 시작
했다. 스펙 경쟁에서 밀린 밀레니얼 세대는 망했다고 생각하는
자신의 인생에 '이생망'이란 이름표를 붙였고, 코로나19로 대외
활동의 기회조차 박탈당한 Z세대는 자신의 일상을 지키려는 노
력에 '갓생'이라는 이름표를 붙인 것이다.

그런데 삶에는 이렇게 양극단밖에 없는 걸까? 화려한 이력이 없으면 이생망이 되고, 이걸 해내지 못하면 갓생이라 할 수 없는 삶에 대한 경직된 태도가 이해되면서도 안타깝다. 열심히 사는 것도 좋지만, 지쳐 쓰러지지 않으려면 생각의 유연성을 기르는 것이 중요하다. 그럼 갓생과 이생망의 중간 어디쯤에서 행복하고 균형 잡힌 삶을 발견할 수 있지 않을까?

경직된 생각은 우리를 지배한다

어린나무는 바람에 유연하게 구부러지기 때문에 쉽게 부러지지 않는다. 반면 오래된 나무는 단단해서 거센 바람에 오히려 더 쉽게 금이 가고 부러져 버린다. 다리를 설계할 때도 바람의 영향이나 하중에 잘 대응하도록 약간씩 흔들리게 설계하는 것이 더 안전하다. 마음도 마찬가지로 유연함을 잃어버리면 오직 경직된 한 가지 대응만 하게 되는데, 특히 불안에 잘 빠지는 사람들이 이러한 사고를 하는 경향이 있다. 경직된 생각의 대표주자는 '~해야 한다'이다. 자매품으로는 '~하면 안 된다'가 있다. 경직된 사고가 사람의 마음을 어떻게 옥죄는지 다음의 두 문단을 비교해 보자.

A 아침 일찍 일어나서 마시는 커피 한 잔을 좋아한다. 출근길에는 좋아하는 팟캐스트로 밤 사이에 있었던 뉴스들을 챙기고, 업무 시간에는 집중하기 위해 핸드폰 사용을 자제하고 있다. 최근에 건강을 위해 하루에 물 2ℓ 마시기와 퇴근 후 러닝을 시작했다. 잠자리에 들기 전에는 명상으로 하루를 차분히 정리하려고 한다.

B 아침 일찍 일어나서 커피 한 잔을 마시지 않으면 하루 종일 머리가 멍하다. 출근길에는 팟캐스트를 들어야 세상 돌아가는 소식을 놓치지 않는다. 업무 시간에는 집중하기 위해 핸드폰 사용을 자제해야 한다. 건강을 위해 물은 하루에 2ℓ씩 마셔야 하고, 퇴근 후에 운동도 해야 한다. 잠자리에 들기 전에는 명상으로 하루를 차분히 정리해야 한다.

같은 일과로 하루를 보낸 것 같지만 느낌이 많이 다르지 않은가? B는 읽기만 해도 숨이 막힌다. '해야 한다', '하면 안 된다'는 이렇게나 사람을 몰아붙인다. 서 있을 수 있는 땅을 극도로 제한하고 조금만 헛디디면 낭떠러지에 떨어질 것 같은 불안감이 조성된다. '해야 한다'가 삶의 가치관이 되면 이런 식이다. '대학생 때 공모전 경력이 하나쯤은 있어야 해', '서른 즈음에는 취직

해야지', '사십 되기 전에 얼마 정도는 모아야 해', '사람들에게 뒤처지면 안 돼.' 대개 이런 가치관 뒤에는 다음과 같은 믿음이 생략되어 있다. '그러지 못하면 내 인생은 실패한 거야.' 이 믿음은 당신을 조종하는 당신의 주인이다. 당신이 생각의 주인이 아니라, 생각이 당신의 주인인 상태에서는 늘 불안할 수밖에 없다.

생각은 생각일 뿐 오해하지 말자

생각을 알아차리는 것도 어렵지만 통제하기는 더 어렵다. 떠오르는 생각을 억지로 통제하려고 하면 오히려 생각에 사로잡히기 십상이다. 하지만 생각은 그저 생각일 뿐이라고 넘긴다면 그들이 놓아둔 덫에 걸리지 않을 수 있다. 바람에 구부러지는 나무 또는 허리를 쭉 늘리는 고양이를 떠올리자. 생각의 유연성을 기른다는 것을 전문용어로 표현하면 '메타인지meta-cognition 능력'을 높이는 것이다. 내가 지금 어떤 생각을 하고 있는가를 눈치채는 능력을 기르면 한 가지 생각에 매몰되거나 집착하지 않을 수 있다.

생각의 유연성을 기르기에 앞서 딱딱하게 굳은 생각의 예시들을 살펴보자.

지나친 일반화	
'늘/항상 그렇다' 또는 '모두 그렇지 않다'처럼 일부의 경험과 사례를 과도하게 일반화한다.	저번에 이렇게 해서 실패했다고 했어. 이번에도 안 될 거야. 이 프로젝트는 항상 이 방식으로 진행했거든요?

나와 관련짓기	
나와 관계없는 일도 나와 연결해 해석한다.	후배가 아까부터 계속 한숨을 내쉬는데… 내가 아까 뭐라고 한마디 해서 그런 건가?

충분한 근거 없이 결론 내리기	
감정적인 근거만을 가지고 결론을 내리는 경우도 이에 해당한다.	요새 과장님이 내 인사에 잘 반응하시지 않는데, 지금 나 무시하는 거 맞지?

이분법적 사고	
완벽주의자들에게서 자주 보이는 패턴이다. 완벽함을 추구하려다가 오히려 아무것도 하지 못하거나, 높은 기대치에 시달리다가 자기비판에 빠지기 쉽다.	결과가 남지 않으면 노력한 의미가 없잖아. 이 상황에서 내 편을 들지 않네. 쟤는 내 사람이 아니구나.

'해야 한다' 사고	
'해야 한다', '하지 않으면 안 된다'라는 생각의 패턴. 그 의무를 달성하지 못했을 때 자기 자신을 한심하다고 생각해서 불안과 우울증을 초래한다.	오늘은 운동해야 하는데…. 아, 내일은 무조건 새벽에 일어나서 하루를 시작해야지. 내일도 실패하면 난 루저야.

이런 경직된 생각의 패턴은 타당하거나 근거가 있어서가 아니라 단지 자주 반복되어 익숙하기 때문에 계속된다는 사실을 기억해야 한다. 사실 따지고 보면 내 생각조차 온전히 내 것이 아닌 경우가 많다. 뇌의 기본 배선이 형성되는 어린 시절, 우리는 내 것과 네 것이 구별될 수 없는 상태에서 부모의 생활 양식과 믿음을 물려받는다. 세포생물학 연구자 브루스 립튼^{Bruce Ripton} 박사는 생후 7년은 무조건 주변 환경을 내려받는 시기라고 말한다. 우리는 그 기간 동안 부모로부터 무의식적으로 다운로드한 믿음과 두려움의 프로그램, 사회와 문화의 영향으로 주입된 집단 무의식을 '내 생각'이라고 믿으며 그것이 반복 재생되도록 내버려 두고 있었다는 말이다. 하지만 약간의 연습으로도 충분히 생각에 지배당하지 않을 수 있다.

생각의 유연성을 기르는 3가지 훈련법

생각의 유연성을 기르는 첫 번째 훈련법은 비非판단 훈련이다. 생각은 판단하기를 참 좋아한다. 특히 다른 사람에 대해 판단하는 것을 좋아한다. 타인의 외모나 말, 실력을 판단하고 싶은 마음이 솟구칠 때마다 판단하려는 자신의 마음을 알아차리자. 그리고 의식적으로 좋고 나쁨, 옳고 그름에 대해서 판단하지 않도록 노력해 보자. 분석과 판단은 생각의 천성이라 실천하기가 매우 어렵겠지만, 판단하려는 마음이 들었다는 것을 인지하기만 해도 생각을 흘려보내는 능력을 기르는 데 도움이 된다. 여기서 이미 판단했다는 이유로 자신을 자책(또 다른 판단)하지는 말 것! 남을 판단해 버렸다면 '다음부터는 그러지 말자' 하고 깔끔하게 인정하고 넘어가면 된다.

두 번째 훈련법은 퍼센트% 사고법이다. 이 사고법은 유연하지 않은 생각 패턴을 개선하는 데 효과적이다. 갈등이 있을 때 "너는 항상 그런 식이지"라고 말하기 전에 비슷한 상황이 10번 중 몇 번이나 있었는지 생각해 보라. '항상' 그렇지는 않았을 것이다. 열심히 노력했지만 마땅한 결과가 나오지 않았다고 좌절하기 전에, 목표를 100으로 봤을 때 현재까지 진행 상황이 몇 퍼센트 정도라고 할 수 있을지 생각해 보자. 정말 단 1%도 진전되지 않았을까? 분명 지난번보다 조금이라도 진전되었다는 점을 발견하게 될 것이다. 또 다른 예시로 상사가 화를 낼 때, 나 때문일 확률이 몇 퍼센트나 될지 생각해 보자. 약간 억울할지 모르겠으나 90%는 상사의 개인적인 사정 때문일 수도 있다.

마지막 훈련법은 가변적 해석법이다. 어떤 문제 상황을 겪으면 문제의 원인과 결과를 나름대로 해석하게 되는데 이때 늘 같은 원인과 결과를 짝짓는다면 고정적 해석법을 쓰는 것이다. 불안장애나 공포증을 겪는 사람들은 원인을 고정적으로 해석하는 경향이 많다고 한다. 예를 들어, 사람들 앞에서 떠느라 발표를 잘 해내지 못한 경우, '나는 사람들 앞에 설 수 있는 사람이 아니야'라고 생각하는 것은 고정적 해석이다. 다음번에도 같은 원인(나)에 같은 결과(사람들 앞에 설 수 없음)를 짝지을 것이기 때문이다. 하지만 여기서 '이번에는 준비가 조금 부족했어. 이 부분을 잘 준비하면 나아질 거야'라고 생각하면 가변적 해석을 한 것이다. 가변적 해석을 통해 인과관계를 유연하게 생각할 수 있다면 하나의 생각에 얽매이지 않고 앞으로 나아갈 수 있다.

5

이제는 자존감 대신
자기자비를

나를 증명해 내야 한다는 압박감은 나의 오랜 동반자였다. 대학 입시에서 나름의 성공을 거둔 순간에는 처음으로 세상에게 인정을 받은 듯했다. 이제는 그런 부담감을 내려놓아도 되지 않을까 싶어 마음도 한결 가벼워졌다. 한동안은 조금 특별한 사람이 된 느낌에 취해 살기도 했다. 그 시기의 내 자존감은 하늘을 찌를 듯 높았다. 하지만 이게 웬걸, 꽉 채워진 자존감 연료통은 빠른 속도로 줄어들어 갔다. 행정고시에 낙방한 뒤에 아무리 두드려도 열리지 않는 취업 시장의 냉정한 현실을 마주했기 때문이다. 내가 살아오던 세상은 나에게 끝없는 증명을 요구했다. 도전하고 실패할 때마다 나의 부족한 점, 나의 문제가 무엇인지 찾아야 했다. 자존감은 다시 바닥으로 꺼졌다.

키운다고 키워질 자존감이었다면

어딜 가든 자존감을 높이라고 이야기한다. 심리학계는 수십 년 동안 자존감이 무엇이고 어떤 긍정적인 효과가 있는지 연구해 왔다. 익히 알려졌듯이 자존감이란 '스스로를 있는 그대로 긍정하는 마음'으로, 자존감이 높으면 심리적인 위기 상황을 잘 이겨 낼 수 있고 불안과 스트레스에 대항하는 힘이 커진다. 더욱이 무언가를 성취한 사람일수록 자존감이 높은 사람이었다는 성공과 자존감의 상관관계도 밝혀졌다. 그러니 수많은 자기계발서는 말했다. "자존감을 키우세요!" 물론 자존감은 삶의 긍정적인 자세 가운데 하나다. 하지만 문제는 자존감을 언제나 높게 유지하는 게 영 쉽지가 않다는 거다.

게다가 자존감을 키우라 말하는 사람들이 빼먹는 사실이 있다. 자존감은 본래 불안정하다. 나 자신을 긍정하는 힘이 주변 환경의 변화에 쉽게 영향을 받는다면 어떻게 될까? 일명 '잘 나가던 사람들'은 전과 같은 지위와 명성을 잃어버릴 때 더 쉽게 무너져 내렸다. 있는 그대로의 나 자신을 긍정한다고 생각했으나, '긍정할 만한 것이 있는' 나 자신을 긍정했기 때문이다. 자존감은 결국 스스로를 대상화하기에 최근의 성취와 상황에 민감하게 영향을 받는다. 자신을 대상으로 바라보면 비교하는 시각에서 자유로워질 수 없다. 앞서 말했듯 우리의 사고는 분석과 판단을 숨 쉬듯이 하기 때문이다.

이처럼 자존감은 변덕이 심하다. 자존감은 힘든 상황에 처하면 도와주겠다고 약속해 놓고 정작 오기로 한 시간에 나오지 않는, 좋은 날에만 함께하는 친구인 셈이다. 우리는 자존감을 높이기 위해 수많은 노력을 해 왔다. 성실하게 인내해서 성취를 이뤄 내기도 하고, 외모를 열심히 가꿔 보기도 했다. 하지만 자존감을 높게 유지하기 위해 꾸준히 해야 하는 일들로 지친다고 느껴진 적이 있지 않은가? 다른 사람의 말 한마디에 그동안 애써 길러 온 자존감이 와르르 무너진 경험이 있지 않은가?

이번 생은 처음이라

마음챙김의 대가인 크리스틴 네프Kristin Neff는 자존감의 대체재로 '자기자비'를 제안하며, 이렇게 설명했다. "자기자비는 당신이 좋은 사람인지 따지는 것이 아니라, 무엇이 당신에게 좋은지를 따진다." 자존감을 얻기 위해서 우리는 체크리스트를 만들고는 나 자신에게 면접관처럼 질문을 던진다. 나는 좋은 사람일까? 능력이 있는 사람인가? 사랑받을 만한 가치가 있는 사람은 맞나? 그리고 이러한 질문에 당당하게 대답할 수 있어야만 자존감을 선물 받는다. 하지만 자기자비는 나를 대상이 아닌 '과정'으로 바라보는 자세다.

우리는 태어나고 성장하는 과정에서 좌충우돌을 겪으며 세상을 배워 나간다. 사람은 각자 고유한 인생이라는 과정 중에 있다. 이 과정은 지구상에 단 하나도 같은 것이 없기에 비교는 애당초 불가능하다. 드라마 제목으로도 있는 '이번 생은 처음이라'라는 문장은 모두의 인생을 표현하기에 제격이다. 모두가 인생은 처음이라 서투를 수밖에 없고, 시행착오를 겪는 것은 당연하다. 인생은 리허설도 없고 매 순간이 처음 맞이하는 실전이니 말이다. 그런 과정을 겪고 있는 자신이기에 나라도 나에게 관대해야 하지 않을까? 실수를 과정이자 성장의 기회로 보고, 앞으로 나아갈 수 있도록 무한히 지지하고 신뢰하는 것. 세상에 막 태어난 아이를 바라보는 마음으로 우리 자신을 바라보자. 자기자비는 당신의 현재만을 바라보지 않는다.

곤경에 처했을 때 스스로를 심하게 몰아붙이는 사람은 그렇지 않으면 발전이 없고 뒤처질 거라고 믿기 때문이다. 혹은 '나는 그런 걸 누릴 자격이 없어'라고 믿고 있을 수도 있다. 2장에서 등장하는 내면의 비판자가 내보내는 두려움의 에너지에 주파수를 맞출 때 이러한 믿음을 갖게 된다. 3장에 등장하는 내면의 관찰자의 따뜻한 목소리에 주파수를 맞추자. 자기비판은 결국 내 자신이 내 편이 되어 주지 않는 데서 오는 문제다. 자기자비는 결국 내가 나를 지지해 주고 내 편이 되어 주는 것이다. 우리에게는 좋을 때나 나쁠 때나 한결같이 곁을 지켜 주는 우직한 친구가 필요하다.

남들처럼 엉망진창이면 되는 인생

자기자비는 어떻게 실천할 수 있을까? 자존감처럼 또 체크리스트를 만들어야 하는 건 아닐까 걱정했다면 그럴 필요는 없다. 크리스틴 네프는 이렇게 말했다. "자기자비를 느끼기 위해서는 여느 인간들처럼 엉망진창이기만 하면 된다." 우리는 삶에서 여러 불가피한 고통을 겪는다. 생로병사를 피할 수 있는 인간은 없다. 오죽하면 불교에서 삶은 고통 그 자체라고 했겠는가. 누구나 비슷한 고난과 고통을 겪는다. 완벽해 보이는 사람조차도 뒤돌아서 남몰래 흘리는 눈물이 있다. 즉, 누구에게나 엉망진창인 부분이 있다. 자기자비는 모두가 그렇다는 것을 아는 것이다. 고통받는 자기 자신과 타인을 연민의 마음으로 다독이는 것이다.

내 인생만 유독 '난리부르스'라고 느껴질 때면 코미디나 드라마 장르를 찾아보는 편이다. 드라마 〈거침없이 하이킥〉이나 영화 〈찬실이는 복도 많지〉 같은 작품을 보고 있으면 때때로 '공감성 수치'를 느끼는 장면이 등장한다. 모니터를 부여잡고 '아악, 왜 저래 진짜. 왜 그런 창피한 행동을 하는 거야! 그러지 마, 너만 바보 된다고!'라고 외치고 마는 그런 장면들. 우스꽝스럽고 비웃음을 살 만한 행동이었을지라도, 마지막에는 그냥 크게 와하하하 웃고 넘기거나 콧물 한번 훌쩍이고는 툭툭 자리에서 일어나는 등장인물들을 보면 왠지 모르게 마음이 편해진다. '그래. 저러면 되는 거지, 뭐' 하면서.

작품 속 주인공들이나 나처럼 모든 사람이 자기만의 과정에서 최선을 다하고 있다는 사실을 믿으면, 저절로 타인에 대한 자비의 마음이 길러진다. 내가 내 인생에 최선을 다하고 있다는 사실을 믿자. 그리고 나를 비롯한 모두에게 가혹한 판단이나 평가를 멈추자. 내가 살아 보지 않은, 내가 견뎌 보지 않은 삶에 대한 판단을 잠시만 멈추고 그저 그 삶을 살아 내고 있는 이가 고통스럽지 않기를 바라는 마음을 갖자.

자기자비를 실천하는 3가지 방법

① 사랑의 마음 일깨우기

진정으로 사랑받았다고 느끼는 순간을 떠올려 보자. 오래된 기억을 더듬어 보아도 좋고, 강렬했던 감정을 느껴도 좋다. 온전히 사랑 속에 있었던 충만하고 편안한 느낌을 떠올리자. 자기자비를 실천한다는 것은 사랑 속에 있는 느낌을 자신에게 충분히 허락하는 것이다. 만약 떠오르는 기억이 없다면 반대로 내가 사랑과 애정을 느꼈던 존재들을 떠올려 보자. 사람이든 반려동물이든, '덕질'하던 최애든 무엇이든! 그리고 내가 주었던 애정의 화살표를 '이렇게나 아낄 줄 아는' 나 자신에게로 돌리는 것이다.

② 스스로에게 친절한 말 건네기

불안한 마음을 느끼며 고통스러워하는 자신에게 가장 절친한 친구를 대하듯 친절하고 다정한 말을 건네 보자.

"많이 불안하겠다. 세상일이 마음 같지는 않네. 하지만 어떤 일이 있어도 나는 언제나 네 곁에 있을 거야."
"누구나 이런 상황에서는 무너질 듯 힘들지. 네가 약한 게 아냐. 하지만 오랫동안 고통스럽지는 않았으면 좋겠어. 상황이 좋아질 때까지 우리 조금만 더 기운내 보자."

지금 이 순간 가장 듣고 싶은 말을 셀프 서비스로 해 준다고 생각하자. 친절의 힘은 강력해서 억지로 끌어올린 문장들일지라도 반드시 큰 위로가 된다.

③ 내 주변으로 범위를 넓히기

내가 겪는 고통이 나만의 고통이 아님을 알 때, 우리는 나만의 세계에서 벗어나 세상과 다시 연결될 수 있다. 고민하는 문제가 있다면 비슷한 고민을 하고 있을 다른 사람들을 떠올려 보자. 나와 같은 고민을 하는 사람들이 이 세상에 얼마나 많은지 생각하며, 나 자신을 위하듯 그 모든 사람들에게 따뜻한 말을 건네 보자.

"나를 비롯해서 꿈과 행복을 향해 나아가는 모든 도전하는 사람들이 자신만의 길을 마침내 발견하기를. 그들의 마음이 언제나 평안하기를."

다른 사람을 향해 베푼 마음이 어느새 나에게로 돌아와 내 마음을 가득 채우고 있음을 느끼게 될 것이다.

생각이 너무 많을 때
– 생각 디톡스

디톡스detox는 체내에 쌓인 독소를 빼낸다는 뜻이다. 과도한 생각이 노폐물로 쌓여 불안을 일으킬 때 불필요한 생각을 빼내는 생각 디톡스를 실천해 보자.

1단계: 종이와 펜을 준비한 다음, 눈을 감고 편안하게 호흡하며 마음을 가다듬는다.

2단계: 떠오르는 모든 생각을 자유롭게 종이에 적는다. 논리적이지 않아도 되고, 말이 이어지지 않아도 괜찮다. 더 이상 아무런 생각이 나지 않을 때까지 계속 적자.

3단계: 종이에 적은 생각들을 시간별로 분류한다. 과거와 관련된 것은 [과거], 현재와 관련된 것은 [현재], 미래와 관련된 것은 [미래]라고 적는다. 내 생각이 과거와 미래 사이를 분주히 왔다 갔다 하느라 얼마나 바쁜지 확인해 보자.

4단계: 가장 중요한 한 가지 생각만을 골라, 다이어리나 핸드폰 메모 등에 적어 둔다. 그 외에 나머지 생각은 덜 중요한 것으로 판단했으므로 과감히 버리자! 상징적인 행위로 글자 위에 선을 긋거나 종이를 구겨서 버려도 좋다.

5단계: 생각을 비운 후의 가볍고 상쾌한 느낌을 만끽할 것!

Part 2

불안한 감정

합리성과 과학적인 사고를 바탕으로 세워진 현대 문명 사회에서 감정은 터무니없이 형편없는 대우를 받아 왔다. 원초적이며 변덕이 심한 감정에는 분명히 다루기 힘든 구석이 있다. 하지만 그것은 감정 자체가 미숙하거나 그에 나쁜 성질이 있어서가 아니다. 오히려 우리의 감정 체계가 단 1초도 머물지 않고 변화하는 세계에 대응하기 위해 끊임없이 노력하기 때문이다. 모든 감정에는 우리가 인식하지 못할지라도 이유가 있다.

자기 자신과 자기의 감정을 분명히 알수록
지금 있는 것을 더욱 사랑하게 된다.
— 철학자 스피노자Baruch Spinoza

1

우리는 감정에 대해
제대로 알고 있을까

　우리 사회가 감정을 장려하는 사회가 아닌 탓에 자신의 감정을 깊게 들여다보고 이해하는 사람은 그리 많지 않다. 국민 육아 멘토로 알려진 오은영 박사는 '금쪽 상담소'라는 TV 프로그램에서 감정에는 '왜'가 없다고 말해 많은 이들에게 위로를 주었다. 어떤 감정도 잘못된 것은 없다. 모든 감정은 있는 그대로 인정받을 자격이 있다. 이런 말을 들으면 대체로 위안을 얻으면서도 속으로는 과학적 근거가 없는 일회성 감성 멘트로 치부해 버린다. 그러나 역시는 역시다. 오은영 선생님의 위로는 놀랍게도 최신 뇌과학에 기초하고 있다. 감정이 실제로 무엇이고, 무슨 일을 하는지 이해한다면 이것이 단순한 위로가 아님을 알 수

있다. 지금부터 우리가 잘 알아주지 못했던 자신의 감정을 살펴
보자.

감정이 우리에게 주는 특급 정보

나 역시 오랫동안 감정과 친하게 지내지 못했다. 감정을 생생
하게 느꼈던 순간들을 더듬어 보면 힘들었던 기억이 가장 먼저
떠오른다. 부모님이 싸우는 모습을 봤던 어린 시절, 짝사랑에
마음 아프던 날들, 연이은 시험의 낙방. 그럴 때마다 내 안에서
소용돌이 치는 감정은 늘 날 것으로 느껴졌고, 익히지 않은 음
식을 먹고 탈이 난 듯 불편하고 부담스러웠다. 한편 극도로 좋
은 감정도 다루기 어렵기는 마찬가지였다. 그러다 보니 언젠가부
터 아예 감정에 무관심하게 일관하기 시작했다. 이런 게 어른의
삶… 감정보다는 차가운 머리로 헤쳐 나가는 것 아니겠냐며 합
리화도 했다. 하지만 실은 내 감정을 마주할 용기가 없었던 거
다. 그저 감정을 회피하기 위한 자기기만이었다.

그런데 지난 3년간, 인생에서 가장 힘들었다고 손에 꼽을 법
한 사건들이 연속으로 찾아왔다. 아마도 감정은 이미 한참 전부
터 '지금 무리하고 있는 것 같은데'라고 미묘한 신호를 보내왔을
테지만, 이를 무시하는 데 익숙해진 내가 알아채지 못했을 것

이다. 감정을 방치한 첫 번째 부작용은 눈물이었다. 왠지 모르게 자주, 그것도 시도 때도 없이 눈물이 났다. 그럼에도 애써 모른 척했다. 오랜 세월 무시당한 감정은 이제 주목받기 위해 과격한 도구를 사용하기 시작했다. 드라마 〈오징어게임〉 속 오일남 할아버지처럼 '이러다 다 죽어!' 하고 극도의 불안을 터트리며 더이상 무시할 수 없는 강력한 경고를 날린 것이다. 그것이 공황 발작이었다. 강제로 멈춰 세워진 일상을 틈타, 무엇이 그리도 견딜 수 없이 힘들었는지 나의 삶을 돌아보기 시작했다. 그렇게 마침내 감정이 보내는 메시지를 정확하게 이해하자 사나웠던 불안은 언제 그랬냐는 듯 잠잠해지기 시작했다.

불안을 포함한 모든 감정은 자기 자신을 이해하도록 도움을 주는 특급 정보다. 잘 생각해 보면 감정은 언제나 자신이 가치 있게 여기는 것과 연관되어 있다. 거들떠보지도 않는 것에서는 아무리 노력해도 감정을 불러일으킬 수 없다. 실제로 인생에서 가장 강렬한 감정을 느꼈던 몇몇 순간들을 떠올려 보면 몹시도 바라 왔던 소망이 이루어지거나 좌절되었던 때였을 것이다. 감정이 중요한 정보를 지니고 있다는 사실은 다양한 실험을 통해서도 나타난다. 한 뇌신경과학 연구에서 피실험자의 편도체가 일상적인 사물을 볼 때는 그다지 크게 반응하지 않다가 총구 사진 앞에서 민감한 반응을 보였다. 감정을 유발하는 정보에 의해

편도체가 활성화된다는 사실을 밝혀낸 것이다. 이렇듯 감정은 불필요한 것이 아니라 나에 대한 가장 솔직하고 내밀한 정보다.

더욱이 감정은 억압하거나 회피한다고 사라지지 않는다. 충분히 느끼고 적당한 방법으로 흘려보내야 한다. 그러지 않으면 응축된 에너지가 종로에서 뺨 맞고 한강에서 눈 흘기는 식으로 엉뚱한 곳에서 폭발하고 만다. 감정을 외면하는 것은 결국 나 자신을 외면하는 것이나 마찬가지다. 자신의 감정을 이해하지 않고서 자신에 대한 이해를 높일 순 없다. 같은 일을 겪고도 사람은 저마다 다른 감정을 겪는다. 감정은 이토록 고유한 것이니, 곧 나를 이해할 수 있는 열쇠와도 같다.

감정은 능동적이다

많은 사람들이 감정을 '참을수록 훌륭한 것'으로 오해하게 된 데에는 다 그만한 이유가 있다. 초기 감정연구자들이 감정이란 것이 외부 자극에 수동적으로 반응한 결과라고 생각해 왔기 때문이다. 비유적으로 표현하자면 우리 마음속에 일종의 센서가 들어 있어서 자극을 마주하면 장치가 그것을 지나치지 못하고 반응하고 마는 것이라 생각한 것이다. 그래서 '자극에 반응하지 않기'라는 무척 어려운 과제를 해낸 사람은 참을성이 많고 훌륭

하다는 잘못된 명예를 갖게 되었다.

인간을 특별하게 만드는 것은 감정이 아니라 이성이라고 여겨 왔던 서양 철학의 오랜 믿음 또한 뇌에 대한 오해를 낳았다. 인간 뇌의 구조와 작동 방식에 대한 이해가 부족했던 시절, 인간 뇌는 단순하게 세 부분으로 나뉘었다. 파충류로부터 물려받은 '생존을 담당하는 뇌', 초기 포유동물로부터 물려받은 '감정을 담당하는 뇌', 인간에게만 독특하게 존재하는 '이성을 담당하는 뇌'. '삼위일체 뇌'라고 불리며 어떻게 해서든 인간의 뇌를 동물의 것보다 더 격상시키려는 노력이 보이는 이 모형은 인간의 생물학적 구조에 대해 가장 널리 퍼져 있는 오해 중 하나다.

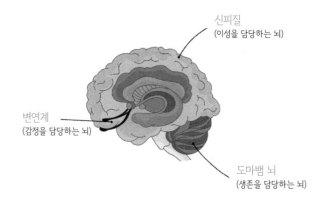

신피질
(이성을 담당하는 뇌)

변연계
(감정을 담당하는 뇌)

도마뱀 뇌
(생존을 담당하는 뇌)

[뇌에 대한 가장 널리 퍼진 오해]

《행동과학과 뇌과학Behavior and Brain Sciences》의 편집장이자 신경과학자인 바버라 핀레이Barbara L. Finlay는 감정을 뇌의 중간 부분에만, 이성을 피질에만 연결시키는 것을 헛소리로 치부한다.

하지만 삼위일체의 뇌 가설은 뒤이어 초기 감정연구자들의 또 다른 잘못된 가설까지 만들어 냈다. 그들은 우리의 뇌에 감정별로 신경 회로가 있을 것이라고 가정했다. 마치 영화 〈인사이드 아웃〉의 버럭, 슬픔, 기쁨, 소심, 까칠이처럼 각각의 감정을 담당하는 신경 회로가 정해져 있다고 추측한 것이다. 그러나 리사 펠드먼 배럿Lisa Feldman Barrett 박사 연구 팀이 20여 년에 걸쳐 1,300명의 피험자를 대상으로 한 100편 가량의 연구를 메타분석한 결과, 특정 감정에 일관되게 발화하는 신경 회로는 존재하지 않았다. 오히려 똑같은 분노의 경험이더라도 감정을 느낄 때마다 상이한 신경 회로의 패턴이 관찰됐다. 이것은 기존 상식과 달리 우리가 '분노라는 단일한 감정을 동일하게 반복적으로' 경험하는 것이 아니라, '매번 다른 분노의 사례'를 경험한다는 것을 의미한다. 우리는 매 순간 다른 감정을 느끼고 그것을 사후에 비슷한 감정군(예를 들어 '분노')으로 우리 스스로 범주화하는 것이다!

감정이 그저 외부 자극에 대한 수동적인 반응일 뿐이라는 초기 가설은 전혀 사실이 아니며, 감정을 담당하는 뇌 부위가 따로 있다는 뇌 모형 역시 '외부 자극에 수동적으로 반응하는 뇌'에 대한 낡은 신념이 빚어낸 착각에 불과하다. 감정에 대한 고정관념을 뒤집는 이 새로운 지식은 오늘날 뇌신경과학자들에게 잘 알려진 내용이지만 아직 대중적으로는 잘 알려지지 않았다. 우리 뇌는 24시간 능동적으로 감정을 구성한다. 이렇게 구성된 감정은 모든 행동에 동기를 부여하는 에너지의 원천이기도 하다. 불안은 신중하게 행동하도록 이끌고, 두려움은 위험에 대비하도록 도우며, 슬픔은 우리에게 소중한 것을 깨닫게 한다. 감정에 무덤덤한 어른이 된다는 건 일 처리에 능숙하고 성숙한 상태이긴커녕, 오히려 모든 의욕을 상실해 아무것도 할 수 없는 상태일지 모른다.

감정이 하는 일

저명한 사회심리학자 에리히 프롬 Erich Fromm은 "삶에는 자기 자신이 부여하는 의미 외에는 아무런 의미가 없다"라고 말했다. 이 말을 감정에 적용해 보면 감정이 하는 일을 이해하기 쉽다. 감정은 우리의 몸과 마음으로 무분별하게 쏟아지는 감각의 물줄기를 여러 계층으로 구분한 뒤 그것에 의미를 부여한다. 만약 그러거나 말거나 하며 감정이 제 일을 내팽개쳤다면 무차별적으로 들이닥치는 감각 정보들은 그저 귀찮은 잡음에 그치고 말 것이다. 우리는 쏟아지는 방대한 정보 속에서 스스로에게 유의미한 것을 쏙쏙 골라내고는 그러한 과정의 결과로 감정을 느끼는 것이다. 예를 들어 가슴이 답답하고 당기는 신체적 느낌은 다양한 상황에서 경험할 수 있다. 음식을 급하게 먹다 체했을 때도, 이별의 아픔을 느낄 때도, 층간 소음으로 인해 이웃집과 갈등을 반복할 때도 느낄 수 있다. 하지만 감정은 각각의 경우를 불편함, 슬픔, 분노처럼 각기 다른 의미로 해석해 낸다. 그리고 그 가운데 유달리 강렬했던 감정 사례는 오랫동안 남도록 '기억'으로도 만든다. 과거에 크게 탈이 났던 음식은 나중에도 괜히 먹기 꺼려지는 것이 이러한 이유다. 그러므로 사람이 느끼는 모든 감정은 외부 세계와 신체 감각이 매일같이 보내오는 문자 수천 통을 우리의 뇌가 하나하나 열어서 확인하고 카테고리별로 정리해 준 소중한 결과물인 것이다.

감정이 '나의 뇌가 부여한 의미'라는 점에서 자연스레 감정은 사회적인 속성을 가진다. 의미는 언어와 개념을 통해 만들어지며, 그들은 어느 한 문화적 범주 안에서 추상적으로 존재하는 사회적 실재이기 때문이다. 이런 사회적 실재들은 언제나 사람들 사이에서 형성되고 공유된 문화나 사회적 약속을 기반으로 한다. 그런고로 감정은 고유한 개인적 경험이지만 동시에 우리가 타인과 상호작용할 수 있도록 도와주는 도구다.

사이코패스처럼 극단적으로 감정이 메마른 사람들은 그 누구와도 진실한 소통을 할 수 없다. 감정 없이 기능만 잘하면 되는 업무는 이미 인간이 인공지능을 따라갈 수가 없는 시대다. 자, 이쯤 되면 감정의 재평가가 시급하지 않을까?

2

90초짜리 감정 롤러코스터에서
내리는 법

어렸을 때부터 감정을 억누르면서 살아왔거나, 보호자가 감정을 언어로 표현해 주거나 수용해 준 경험이 적은 사람들이 있다. 그럼 이들은 자기가 느끼는 감정이 무엇인지 알아차리기조차 쉽지 않다. 예를 들어 이제 막 태어난 아기들은 행복이나 슬픔과 같은 감정을 알지 못한다. 아기가 느끼는 것은 유쾌, 불쾌, 평온함, 동요 같은 아주 기초적 형태의 감각이다. 정동affect이라고 불리는 이것은 우리가 느끼는 감정의 재료가 되지만 감정 그 자체라곤 할 수 없다. 자신의 감정을 잘 모르는 아기는 빙긋 웃거나 엉엉 울거나 칭얼거리는 방식으로밖에 소통할 수 없다. 감정을 인식하고 다루는 데 어설프다면 이제 막 태어난 아기와 다를 것이 없다. 감정을 인식하려면 오랜 학습과 훈련이 필요하다.

이름표를 붙여, 내 감정에

여러 색깔의 물감을 한군데 합치면 시커먼 색이 되어 버리고, 시간이 지나면 어떤 색이 섞였는지도 알 수 없다. 마찬가지로 자신의 감정이 어떤 것인지 모르거나 과도하게 감정적으로 반응하거나, 그로 인해 후회하는 행동을 반복한다면 '진흙투성이 감정'에 빠져 있다는 뜻이다. 감정을 다루는 것이 서툰 이들은 여러 가지 감정이 뒤섞인 진흙투성이 감정에 쉽게 빠져든다. 오색찬란한 내 감정의 원래 색깔을 찾아 주기 위해서는 감정이 느껴질 때마다 어떤 물감을 칠했는지 인식하는 연습이 필요하다.

2017년 혜성처럼 나타나 베스트셀러가 된 어린이 도서가 있다. 『아홉 살 마음 사전』이라는 제목의 이 작품은 초등학교 국어 교과서에도 수록되었다. '이랬다면'이라는 가정법이 얼마나 부질없는 행위인지 알면서도, 서점에서 이 책을 몇 장 넘겨 보며 '나 때에도 이런 게 있었으면!'이라는 생각을 막을 수가 없었다. 박성우 시인이 언어화가 서툰 아이들을 위해 마음을 표현하는 80개의 단어를 정리해 놓은 이 책을 나는 감히 '스물아홉 살 마음 사전' 또는 '서른아홉 살 마음 사전'이라고까지 불러도 된다고 말하고 싶다. 왜냐하면 이 책에 사용되는 기법이 바로 우리가 앞으로 연습할, 감정에 이름을 붙여 주는 '감정 라벨링labeling' 기법이기 때문이다.

감정 라벨링은 마음에 일어나는 일들을 언어화하는 작업이다. 감정에 이름을 붙이는 것은 감정을 억압하지 않고 인정하는 가장 쉽고 확실한 방법이다. 제멋대로 섞여서 진흙투성이가 되기 전에 색상을 분리하듯 감정을 분리해 내면 하나의 데이터로 간직하고 활용할 수 있다. (개인적으로 강력 추천하는) 『아홉 살 마음 사전』 말고 다른 자료를 원한다면, 인터넷 검색창에 '감정 단어'라고 검색해서 감정을 표현하는 다양한 어휘를 확인할 수 있다. 얼마나 많은 감정 단어가 내 마음 속 감정 단어 사전에 있는지 점검해 보자.

우리는 무지개가 일곱 가지 색깔로 이루어져 있다고 생각하지만 실은 연속된 빛의 스펙트럼이다. 그래서 문화마다 무지개의 색깔이 몇 개인지에 대해 다른 답을 한다. 미국에서는 종종 파란색과 남색을 구별하지 않아 6가지 색깔이 있다고 보는 반면, 파푸아뉴기니에서는 아예 어두운 색과 밝은 색 두 가지로만 구별한다. 하지만 색상 조견표에서 파란색을 찾아보면 태양 아래 같은 파란색이 없다. 스카이블루, 코발트블루, 아주르블루, 인디고…. 수십 가지 색감을 구별할 수 있는 것처럼 감정을 섬세하게 구별할 수 있는 사람은 '감정 입자도emotional granularity'가 높다고 한다. 감정 입자도가 높은 사람은 자신의 감정이 어디에서 왔는지를 잘 파악해 감정 조절을 쉽게 해낸다. 그러니 요동치는 감정으로부터 벗어나고 싶다면 우선 그 감정을 언어화하도록 노력해야 한다.

감정 롤러코스터, 출발합니다 _____

감정 그 자체로는 좋거나 나쁜 것이 아니다. 다만 때때로 지나치게 난폭해질 수도 있기에 그 소용돌이에 빠져들지 않는 것이 중요하다. 하지만 나의 감정을 잘 알아차리는 것을 넘어서 휩쓸리지 않는 것은 훨씬 어렵다.

고대 그리스 철학자 크리시포스Chrysippos는 감정을 아주 빠른 달리기에 비유했다. 가속도가 붙으면 마음대로 멈추기 어려워지는 것처럼, 한번 빠지면 헤어 나오기 힘든 감정의 속성을 설명한 것이다. 그런데 겨우 달리기라니! 감정은 정말 엄청나게 빠르다. 크리시포스가 오늘날의 철학자였다면 그의 비유도 바뀌었을 것이다. 놀이공원 마니아들 사이에서 악명이 높은 롤러코스터쯤으로. 그런 감정 롤러코스터에 강제로 태워진 당신에게는 어떤 일이 벌어질까? 열차가 정상에서 하강하고, 360도 회전을 하는 동안 당신은 감정에 완전히 사로잡혀서 다른 생각을 할 수 없게 된다. 롤러코스터에 탄 채로 평정심을 유지하기란 모 예능에서 도전했던 것처럼 롤러코스터를 타며 짜장면을 먹는 일만큼 어렵다. 그러니 롤러코스터가 출발하기 전이라면 얼른 내리자. 열차에서 멀찍이 떨어져, 감정이라는 롤러코스터가 출발하고 다시 되돌아오는 것을 한눈에 조망할 수 있는 위치에 서 보자. 감정에 사로잡히지 않으려면 언제나 거리를 확보해야 한다.

롤러코스터에서 내리기로 마음을 먹었다면 가장 먼저 해야 할 일이 있다. 바로 롤러코스터가 있음을 알아채는 거다. 심리학자들이 이야기하는 가장 기본적인 감정에는 행복, 슬픔, 분노, 놀람, 공포, 혐오 등 6가지가 있다. 동양 고전에서는 '희노애락애오욕喜怒哀樂愛惡欲'이라고 하여 기쁨, 분노, 슬픔, 즐거움, 사랑, 미움, 욕심의 7가지 감정인 칠정七情을 인간의 기본적인 감정으로 본다. 상황에 따라 더 복잡하고 미묘한 감정을 느낄 수도 있지만 우선 기본 감정을 연습하는 것만으로도 충분하다. 분노를 느낄 때, 스스로가 곧 출발할 분노의 롤러코스터에 타고 있음을 깨달아 보자.

감정의 롤러코스터에 앉아 있으면 마음속에서 이런 반응이 나온다. '아, 열받아. 저 인간 또 시작이네. 아주 지긋지긋해', '하… 내 인생은 왜 이 모양 이 꼴이냐.' 감정의 롤러코스터에서 내려오는 방법은 아주 간단하다. 우선, 지금 느끼는 감정을 인식한다. 그리고 깊은 호흡을 하며 이렇게 말한다. (호흡을 들이마시며) '난 지금 분노를 느끼고 있어.' (호흡을 내쉬며) '난 지금 분노를 느끼고 있어.' 이렇게 감정을 언어화하고 충분히 느끼되, 거리를 두고 객관적으로 바라보면 어떤 감정이라도 대개 90초를 넘기지 않고 잦아든다. 감정은 정말 롤러코스터처럼 90초만 견디면 끝난다.

감정을 다루는 2가지 방법

감정 롤러코스터에서 빠르게 내려오기 위해 평소 자신의 감정과 마주하는 연습을 해 두는 것이 좋다. 특히 감정 일기를 작성하는 것은 유용하다. 길게 쓰거나 매일 쓰지 않아도 된다. 그저 가끔씩 하루를 마무리하며 그날 느낀 감정 중에서 가장 기억에 남거나 강렬했던 것을 떠올려 보자. 그리고 아래의 내용을 간단하게 적어 보는 것이다.

① 이 감정이 어떤 감정인지 정리하기
② 그 감정이 나타난 원인과 과정 떠올리기
③ 그 아래에 깔린 마음 파헤치기

오늘 친구가 내 마음을 몰라주고 마음 상하는 말을 해서 속상했다.

· 이 감정의 이름은 무엇일까?
: 슬픔, 실망감, 배신감, 외로움

· 이 감정이 일어난 이유는 무엇일까?
: 내 마음을 알아줄 거라고 기대했는데 아니어서.

· 감정이 일어난 순간에 '감정의 롤러코스터'를 알아차렸나?
: 처음에는 '어떻게 이럴 수가 있어?' 하면서 바로 롤러코스터를 타 버렸다. 한참 속상해하다가 '나는 지금 슬픔을 느끼고 있어', '걔가 어떻게 내 마음을 다 알겠어. 내가 서운할 걸 알고서 그런 건 아닐 거야'까지 생각하고 롤러코스터에서 내려왔다.

· 이런 감정을 느낀 배경에는 어떤 소망/욕구/의지가 있을까?
나의 마음에 공감해 주는 사람과 대화하고 싶다.

두 번째로, 감정을 외면하지 않고 충분히 느끼되 거기에 사로잡히지 않고 흘러가도록 두는 명상법도 소개한다. 아래의 명상법을 시도해 보자. 감정의 소용돌이에 휩싸일 때 큰 도움이 된다.

① 하늘에 떠가는 구름

눈을 감고 편안하게 호흡하며 파란 하늘을 떠올려 본다. 풀밭에 앉거나 누워서 파란 하늘을 바라보고 있는 당신의 모습을 상상한다. 넓고 푸른 하늘은 당신의 마음이다. 당신의 마음에 구름이 지나간다. 구름은 감정이다. 구름은 바람의 흐름을 따라 유유히 흘러간다. 새털구름, 뭉게구름, 양떼구름, 먹구름… 온갖 모양의 구름이 왔다가 다시 흘러간다. 당신은 편안하게 구름이 지나가는 모습을 바라본다. 구름이 아무리 크고 많아도 하늘보다 클 수 없다는 사실을 잊지 말자. 구름이 다 지나가고 파란 하늘이 다시 모습을 드러내면 천천히 호흡하면서 눈을 뜬다.

② 시냇물에 떠내려가는 나뭇잎

이번에는 졸졸졸 흐르는 시냇물을 마음속에 그려 보자. 시냇물은 너무 거세지도 않고 너무 느리지도 않은 적당한 속도로 흐르고 있다. 시냇물은 당신의 마음이다. 당신은 이 시냇물에 나뭇잎을 한 장 띄운다. 나뭇잎이 시냇물을 따라 천천히 아래로 흘러감을 바라본다. 나뭇잎은 점점 당신에게서 멀어지다가 이내 시야에서 사라진다. 이제 당신을 떠나지 않고 눅진하게 붙어 있던 감정을 나뭇잎 위에 올려보자. 그리고 그 나뭇잎을 다시 시

냇물에 띄운다. 시냇물의 흐름과 함께 나뭇잎에 실린 감정이 당
신에게서 점점 멀어져 가는 것을 바라본다. 마음이 편안해지면
천천히 호흡하며 눈을 뜬다.

3

불확실성이 가져오는
불안한 감정들

얼마 전에 서류를 정리하다 폴더에 끼워 두었던 '10년 인생 계획표'를 발견했다. 꼬깃꼬깃 접혀 있던 그 종이는 무려 2019년 11월에 작성한 것이었다. 내가 작성한 이 계획표는 무작정 자신의 10년 뒤를 상상해서 쓰는 것이 아니라 우선 1년, 3년, 5년, 7년 뒤에 이뤘으면 하는 개인적/경제적/직업적 목표들을 영역별로 나눠 쓰고, 마지막으로 10년 뒤 목표를 적는 나름 단계적이고 체계적인 방식으로 작성된 것이다. 하지만 3년이 지난 지금에 이르러 그 계획표를 보고 있자니, 이 계획들이 거의 실행될 수 없었던 큰 변수를 발견할 수 있었다. 그렇다. 내가 계획했던 2022년에는 코로나19 같은 전무후무한 전염병 바이러스가 없었다.

어차피 인생에 확실한 것은 없다

우리는 별다른 의심 없이 내년, 몇 년 후, 몇십 년 후의 계획과 목표를 세운다. 물론 '당장 내일 무슨 일이 일어날지 모르니 아무런 계획을 세우지 않겠어' 같은 태도보다는 확실히 계획 있는 삶이 무언가를 이룰 확률이 조금이라도 더 높을 것이다. 이렇게 계획에는 나름대로 인생을 잘 살아 보겠다는 긍정적인 의지가 담겨 있다. 그러나 우리는 이내 깨닫는다. 완벽한 계획과 성실한 실천조차 인생을 확실히 보장해 주지 않는다. 마치 3년 전의 내가, 아니 전 세계인이 코로나19를 상상조차 하지 못한 것처럼. 진실을 말하자면 우리는 단 1초 후의 일도 제대로 알 수 없다. 인생에서 불확실함을 몰아내기 위해 아무리 철저한 계획을 세울지라도 불확실성을 피해 갈 수는 없다. '인생에 확실한 것은 없다'라는 것만이 확실한 진실이다.

그래서 지푸라기라도 잡는 심정으로 다가올 일에 대한 힌트를 얻으려 시도하는 사람들도 많다. 그들은 신점이나 타로카드를 보고 오늘의 운세를 찾아본다. 그 어떤 완벽한 계획도 한순간에 쓸모없게 만들어 버리는, 내가 어찌할 수 없는 거대한 변수들. 불확실함의 파도를 정통으로 맞아 본 사람들은 통제할 수 없는 환경을 두려워하기 마련이다. 하지만 세계 4대 생불(살아 있는 부처)의 하나로 꼽히는 틱낫한^{Thich Nhat Hanh}은 이를 두고 이렇게 말했다. "사람들은 고통을 없애려 힘든 시간을 보낸다. 하지만 미지의 것이 두려워 결국 익숙한 고통을 붙잡는다." 불확실성을 싫어하고 두려워하는 태도가 오히려 불안을 일으킨다는 뜻이다. 불확실함에 대한 인식을 바꿀 수 있다면 우리는 익숙한 고통에서 벗어나 미지의 신비를 열린 마음으로 맞이할 수 있을지 모른다.

불확실한 것은 반드시 나쁜가?

"그거, 정말 확실해?" 드라마나 영화 속에서 주인공이 날카로운 눈빛으로 상대 캐릭터에게 물을 법한 대사다. 그런데 확실하지 않다는 것이 이렇게까지 경계할 만한 일은 아니다. 모든 스포츠 경기의 결말이 이미 정해져 있다면 경기를 보는 게 무슨 재미일까? 손꼽아 기다려 온 영화인데, 극장에 들어서는 그 순간 스포일러를 당해 누군가의 주둥아리를 원망해 본 사람이 비단 나뿐일까? 사람들이 스포일러를 싫어하는 이유는 단 한 가지다. 결말을 알면 아무리 잘 만든 영화라도 보는 재미가 반으로 줄기 때문이다. 이처럼 불확실한 것은 정해진 것이 없기에 무한한 가능성을 안고 있다. 가능성은 흥미를 불러일으키며 시간과 에너지를 투자할 이유가 된다. 심지어 복권 한 장을 재미로 사면서도 우리는 가능성을 산다. 백 프로 꽝인 걸 알면서도 복권을 살 사람은 없다.

인생이 앞으로 어떻게 펼쳐질지 완벽히 알 수 있다면 어떨까? 우리의 염원대로 인생에서 불확실성을 완전히 몰아낼 수 있다면? 처음 몇 달 동안은 만족스러울지도 모른다. 이제 인생에 모든 것이 확실하고 더 이상 불안할 것은 없을 테니까! 하지만 오래 가지 않아 얼마나 끔찍한 일이 일어난 건지 깨닫게 될 것이다. 모든 것이 정해져 있고, 내가 바꿀 수 있는 것은 단 하나도 없다는 것이 정말 어떤 의미인지 생각해 본다면 말이다. 이미 과정도 결말도 다 알고 있다면 더 살아야 할 이유나 의미, 재미를 어디서 찾아야 할까? 순간순간의 쾌락에서 그 모든 것을 찾기엔 인간은 그렇게 단순한 존재가 아니다. 그런 의미에서 불확실성은 선물이다. 인생이라는 여행의 끝까지 가 보아야 할 단 하나의 이유가 된다.

때론 확실성에 대한 집착이 변화와 성장의 걸림돌이 되기도 한다. 제일 무서운 사람은 책을 한 권도 안 읽은 사람이 아니라 딱 한 권만 읽은 사람이라는 말이 있다. 변화와 도전이 없는 삶을 살다 보면 언제나 같은 생각을 하고 같은 믿음을 갖는다. 셰익스피어William Shakespeare는 "바보는 자신이 현명하다고 생각하지만, 현명한 사람은 자기가 어리석다는 것을 안다"라고 했다. 자신의 경험과 지식이 확실하다고 믿고 그 경계 밖에서 일어나고 있는 세상의 변화를 애써 무시하는 사람들을 우리는 이른바 '고인 물'이라고 부른다.

불확실성과 친해지기

나도 다른 사람들과 마찬가지로 불확실한 것을 정말 싫어했다. '이럴 수도 있고 저럴 수도 있는 것'보다는 '항상 그런 것'을 좋아했다. 새로운 길보다는 늘 가던 길이, 처음 먹는 맛보다는 이미 알고 있는 맛이 좋았다. 여행 계획은 완벽하게 짜 놓아야 하고, 영화를 보기 전에는 전문가와 일반 관람객으로부터 검증된 영화여야만 보러 갔다. 여기에는 다 그럴싸한 명분이 있었다. 아는 길로 가면 약속 시간에 늦을 일이 없다. 개그맨 유민상의 말처럼 아는 맛이 더 무서운 법이다. 플랜B는 유비무환의 영문 표현이며, 영화관이란 무릇 한번 들어가는 순간 2시간 동안 입 다물고 앉아 있어야 하기에 선택에 신중해야 한다. 나는 이것이 제법 합리적 사고의 결과라고 생각했기에, 이런 작고 사소한 태도와 습관들로 가능한 한 불확실함과 멀어지고 확실한 안정감 속에서 살아가고자 했다. 이런 전략은 그런대로 쓸 만한 것 같앉다. 불확실성을 온몸으로 느꼈던 한 사고가 있기 전까지는 그랬다.

2년 전쯤 외국에서 감전 사고를 겪었다. 그때 나는 누전이 된 줄도 모르고 인덕션 레인지로 라면을 끓이고 있었다. 신나게 면발을 휘젓던 중 전기가 흐르던 냄비 바닥에 젓가락이 닿았고, 순식간에 온몸에 전기가 흐르며 그대로 굳어 버렸다. 운 좋게 크게 다치지는 않았지만 몹시 놀랐고 처음 느낀 감각으로 온종일 불쾌했다. 그리고 나중에서야 운이 나빴으면 이렇게 죽었을 수도 있겠다고 생각하니 등줄기에 식은땀이 흘러내렸다. 그때 나는 그야말로 번쩍이는 깨달음을 얻었다. 사고란 것이, 삶이란 것이 얼마나 예측할 수 없는 것인가. 나는 이를 온몸으로 강렬하게 배운 것이다. 확실한 길만 건넌다고 자부하던 스스로가 우스워지는 순간이었다. 내가 조금씩 불확실성과 친해진 것도 이 사고 후였던 것 같다.

내과의사이자 베스트셀러 작가인 리사 랜킨Lissa Rankin의 『두려움 치유』에서는 불확실성을 두려워하는 자세에서 그것을 삶의 신비로 끌어안는 5단계의 변화 과정을 소개한다.

1단계	불확실성을 무의식적으로 두려워함
2단계	불확실성을 피함으로써 생기는 제약을 의식하지만 여전히 불확실성을 두려워함
3단계	불확실성에 호기심을 가지고 중립적인 태도를 취함
4단계	불확실성이 새로운 가능성을 가져다줌을 이해하며 매력을 느끼기 시작함
5단계	본질적으로 불확실한 것들로 가득한 삶 자체를 인정하고 긍정함

1단계는 미지의 것은 무조건 피하고, 성장과 자유보다는 안전을 최우선 가치로 삼는 단계다. 이 단계를 넘어가려면 안전지대에 남아 있는 것이 정말 나에게 도움이 되는지 스스로 물어보아야 한다. 2단계는 불확실성을 의식하면서 두려워하는 상태로, 이때는 확실성에 대한 집착이 자신의 가능성을 어떤 식으로 제한하는지 조금씩 느끼게 된다. 3단계에서는 미지에 대해 '위험한지 아닌지 잘 모르겠다'거나 '호기심이 들기도 하지만 선뜻 다가가기는 어렵다'와 같은 반응을 한다. 모든 것에 열려 있고 호기심을 가진 상태다. 슬슬 불확실한 것을 불확실하게 둔 채로도 마음이 평화로울 수 있다는 것을 알게 된다. 4단계는 불확실성에 매력을 느끼는 단계다. 불확실한 것이 새로운 가능성으로 가

는 문임을 깨닫고 서서히 도전과 탐험에 마음을 열게 된다. 마지막 5단계는 불확실성이 삶의 풍성함과 경이로움을 가져온다는 것을 아는 단계다. 삶을 통제하려 하기보다 내맡기는 태도로 임하게 된다. 그리고 불안으로부터 자유로워진다. 이 도표를 참고로 나는 지금 어느 단계에 있는지 한번 점검해 보자.

불확실성과 친해지기 전에는 그를 두려워할 수밖에 없다. 불확실함으로 가득한 미래를 생각하며 왠지 모르게 불안해지는 것은 그 때문이다. 불확실한 것이 불편하고 싫다고 해 봤자, 그것을 인생에서 몰아내는 것은 어차피 불가능하다. 그러니 불확실성을 다른 시각으로 바라볼 필요가 있다. 불확실성은 가능성의 다른 이름이다. 정해져 있지 않고 그렇기에 흥미롭다. 변화와 성장으로 가는 길이기도 하다. 불확실성과 친해지면 그것을 싫어하지 않을 뿐만 아니라 즐겁게 받아들이게 될 수도 있다. 우리는 조금 더 불확실성과 친해져야 한다.

4

우리는 흐름을
타고 갈 수밖에 없는 거야

"어떻게 사랑이 변하니?" 은근한 유혹 멘트의 대명사 '라면 먹고 갈래요?'로 유명한 영화 〈봄날은 간다〉의 또 다른 명대사다. 허진호 감독은 이 대사가 영화 전체를 꿰뚫는 가장 중요한 대사라고 밝힌 바 있다. 변하지 않는 사랑을 꿈꾸던 주인공 상우의 성장 드라마라고도 볼 수 있는 이 영화는 '변치 않는 사랑'이라는 상우의 소년 같은 이상적 관념만 빼고 모든 것이 변하는 현실을 담담히 그려 냈다. 처음의 설렘과 열정만을 사랑의 고정 값으로 믿어 버리고, 사랑이 그 모습 그대로 변치 않기만을 바란다면 좌절은 피할 수 없다. 사랑을 하는 나도, 상대방도 끊임없이 변화하기 때문이다.

변화가 우리 몸에 미치는 영향 _____

누구에게나 변화에 적응하는 과정은 불편하고 고통스럽다. 오죽하면 변화를 좋아하는 건 젖은 기저귀를 찬 아기밖에 없다는 말이 있을까? 처음 학교에 입학할 때, 새로운 동네로 이사갈 때, 직장을 옮길 때, 삶의 새로운 단계로 진입하는 순간마다 느꼈던 불안한 느낌을 기억한다. 그런데 이러한 불안은 감정의 문제로 끝나지 않고 실제로 건강에 영향을 미친다.

미국의 정신과의사 토머스 홈즈^{Thomas Holmes}와 리처드 라헤^{Richard Rahe}가 연구한 '사회재적응 척도'는 개인이 일상생활에서 겪을 수 있는 긍정적이거나 부정적인 사건(생활사건)들이 얼마나 큰 스트레스를 유발하며, 그것이 어느 지점부터 질병으로 발전되는지를 측정하는 도구다. 1년 동안 자신이 겪은 생활사건 항목들을 선택하고 그에 따른 점수들을 합산하는 방식인데, 가령 휴가는 13점, 이사나 전학은 20점, 결혼은 50점이며 배우자의 사망은 100점이다. 만약 이 합산 점수가 300점이 넘어가면 극도의 스트레스 상태로 병원에 입원할 확률이 90%나 되었다.

이렇게 변화는– 그게 긍정적인 변화일지라도 –우리에게 스트레스로 다가오기에, 어떤 사람들은 아무것도 변하지 않는 안정적인 상태를 추구하며 살기도 한다. 별다른 사건 없이 그저 자연스럽게 멀어지는 친구 관계임에도 억지로 이어 가려고 애쓰고, 점점 늘어나는 잔주름이 신경 쓰여 매일 밤 마사지볼로 펴 보기도 한다. 하지만 이러한 인위적인 노력이 불안한 마음까지 지우지는 못한다. 그 노력 또한 변화를 거부하고 불안해하는 마음에서 나온 것이기 때문이다. 이런 행동 양식은 적응의 단계 가운데 하나로서 무척 자연스러운 반응이지만, 지나치면 삶에서 절대 피할 수 없는 생애주기와 관련된 변화까지도 거부하게 된다.

왜 이렇게 변화를 싫어하게 된 걸까?

우리가 제아무리 변화를 두려워하고 그 흐름에 반항하더라도, 앞서 영화 〈봄날은 간다〉에서 말했듯이 결국 우리를 둘러싼 모든 것은 변화한다. 자연은 변화 그 자체라고 할 수 있을 정도로 끊임없이 변화한다. 인간의 몸과 마음도 자연의 일부로서 늘 변화한다. 머리카락은 하루에 0.35mm 정도 자라고, 손톱은 0.1mm씩 자란다. 피부세포는 39일마다 새로 재생되고, 간세포는 약 400일마다 바뀐다.

어렸을 적에 살던 동네를 떠났다가 성인이 되어 다시 그 동네로 이사를 오게 되면서, 꼬꼬마 시절에 다니던 유치원에 가 본

적이 있다. 무슨 미니어처인 양 모든 것이 기억 속 모습보다 훨씬 작아진 유치원은 그간 나의 성장을 실감하게 했다. 우리 몸을 구성하는 세포조차 꾸준히 바뀌지만 우리는 변화를 체감할 계기가 많지 않기에 나 자신도 계속 변한다는 단순한 사실을 종종 잊는다.

우리가 변화를 반기지 않는 까닭은 변화하는 과정에서 잃는 것들을 생각하기 때문이다. 익숙한 것, 고생해서 쌓아 둔 지식의 쓸모, 편안한 관계, 안정감 같은 것들 말이다. 그러나 변화가 기존에 가지고 있던 것을 앗아 가는 도둑이라고 생각하는 이상 마음을 열려야 열 수가 없다. 사실 변화는 우리가 가진 것을 빼앗아 가기 위해 오는 것이 아니다. 그저 자연스러운 삶의 과정일 뿐이다. 더욱이 우리에게서 무언가가 사라질지라도 변화는 가져가기만 하지 않고 새로운 것을 가져다주기도 한다. 풍부해지는 삶의 경험, 새로운 인연, 성장과 성숙의 기회는 변화와 함께 주어지는 선물이다.

우리에게는 변화를 긍정하는 태도가 필요하고, 그 이유는 너무도 단순하다. 그렇게 하는 것이 우리에게 이롭기 때문이다. 싫어한다고 해서 변화를 피할 수가 없다. 그렇다면 그것과 척을 져서 얻는 것이 무엇이랴? 그리스 철학자 헤라클레이토스Heracleitos는 "같은 강에는 두 번 들어갈 수 없다"라고 말했다. 같은 강의

같은 자리여도 물은 쉬지 않고 흘러가니, 두 번째 들어갈 때는 아까와 같은 물에 들어간 것이 아니다. 게다가 이미 그 사람도 같은 사람이라고 할 수 없다. 체온도 기분도 달라졌기 때문이다. 그렇게 단순한 문제가 아니라고 반박할지도 모르겠다. 하지만 변화로 고민하고 있는 그 순간에도 시간은 흘러가고 당신은 바뀌고 있다. 이 상황에서 우리가 할 수 있는 것은 흘러가는 흐름을 받아들이는 것이다.

흐름에 흠뻑 젖어 춤추는 사람들처럼

어느 날 한 노인이 강물에 빠졌다. 물살이 빠른 강 끝은 폭포로 이어진다. 폭포로 떨어진 노인을 보며 사람들은 그가 살아 나오지 못할 거라고 생각했다. 하지만 노인은 크게 다친 데 없이 살아서 물 밖으로 나왔다. 사람들은 노인에게 살아 나온 비결을 물었다. 노인은 이렇게 답했다. "아무 생각하지 않고 물의 흐름에 몸을 맡겼소. 그 덕분에 살 수 있었지요."

변화를 마주하는 태도에 대해 가르침을 주는 도교의 이야기다. 동명의 SF 소설을 원작으로 하는 영화 〈듄〉(2021)에도 이와 유사한 메시지가 표현된 장면이 있다. 바로 사막 행성에서 메시

아로서 모험을 맞이하는 주인공 폴이 자연의 힘 앞에 위태롭게
놓이는 장면이다. 강철도 끊어 내는 모래폭풍 속에 갇혀 비행선
째로 추락하던 폴은 기체의 엔진을 이용해 탈출하고자 발버둥
친다. 하지만 그 절체절명의 순간, 예지력을 가진 폴의 머릿속에
척박한 사막의 원주민인 프레멘족의 족장이 환영으로 나타난
다. 프레멘족은 맨몸으로는 단 몇 분도 버틸 수 없는 가혹한 환
경에서 온갖 지혜로 살아남는 법을 배워 온 종족이다. 족장은
폴에게 엔진을 끄고 폭풍의 흐름을 타야 한다면서 이렇게 조언
한다.

"삶에서 만나는 미스터리는 정답을 맞혀야 하는 '문제'가 아니
야. 겪어 내야 하는 '현실'이지.
삶은 멈출 수 없는 과정이라, 멈춰 서서 이해할 수는 없어.
우리는 삶이라는 과정에 올라타서 그 흐름을 타고 갈 수밖에
없는 거야.
흐름에 맡겨라. 흘러가게 둬."

평생을 마른 몸으로 살아오면서 겨울은 늘 괴로운 계절이었
다. 남들보다 추위를 많이 타고 수족냉증에 시달렸다. 겨울이
없는 따뜻한 나라에 가서 살면 얼마나 좋을까 하는 생각을 겨

울마다 했다. 가을이 오면 이미 다가올 겨울을 걱정하고, 겨울이 오면 차라리 무더위를 그리워했다. 그런데 좋아하고 싫어해 봤자 겨울은 내가 살아 있는 동안 수십 번은 찾아온다. 그래서 억지로라도 겨울의 매력을 찾기로 했다. 겨울이면 유독 생각나는 따끈한 붕어빵을 먹는 재미도 있고, 첫눈을 보면 괜히 설레는 마음도 여전하다. 지구 반대편에게는 미안하지만 아무리 생각해도 더운 크리스마스는 크리스마스 느낌이 안 난다. 겨울이 싫다고 겨울을 못 오게 막을 수는 없다. 다만 겨울을 조금 더 즐겁게 보내는 방법은 무궁무진하다.

소설 『행복은 주름살이 없다』는 "인생은 행선지를 신경 쓰지 않고 즐겨야 하는 여행"이라고 말한다. 그러니 "폭우가 그치기를 기다리지 말고 비를 맞으며 춤추는 법을 배우라"라는 것이다. 변화를 대하는 자세로 삼기에 이보다 좋은 지침은 없는 것 같다. 변화는 자연이 존재하는 방식 그 자체다. 발끝까지 흠뻑 젖으면 신발이 젖을까 걱정할 필요가 없다.

5

마음을
통제하려 들지 말 것

중학생 시절, 하굣길에 자리한 오락실은 하루를 마감하기 위한 나의 필수 코스였다. 인기가 많은 슈팅 게임과 리듬 게임, 격투 게임 기계를 지나치면 구석에 아무도 찾지 않는 두더지 게임 기계가 있었다. 친구들이 스티커 사진을 찍고 놀 동안 나는 이 기계에 동전을 넣었다. 경쾌한 시작음과 동시에 튀어 오르는 두더지들을 신속하게 두드려서 잠재우는 몹시 단순한 게임. 사실 나는 이 게임에 제법 재능을 보였다. 몇 번 신기록을 세운 적도 있다(최근에 다시 해 본 결과, 그 시절의 반짝 재능이었음을 깨달았지만). 그래서였을까? 나는 내 마음에 떠오르는 감정들에게 꽤나 즉각적으로 반응하는 편이었다. 나비처럼 날아서 벌처럼 쏜다. 불안과 두려움은 순식간에 나가 떨어지곤 했다. 하지만 안타깝게도 마음에게 이러한 접근 방식은 그저 오지랖이었다. 내가 몇 차례 마음에 오지랖을 부리자, 참다 못한 생각과 감정들은 정반대로 날뛰기 시작했다.

통제가 안겨다 준 현대인의 성공 신화

오늘날 문명 사회는 인간의 끝없는 통제 욕구와 이를 실현하고 마는 능력에 의해서 세워졌다. 근대 사회의 인간들은 자연의 예측 불가능성 앞에서 비를 내려 달라고 기도하는 것으로 만족하지 않았다. 그들은 토질을 비옥하게 만들고 효율을 높이는 농기계를 개량해 나갔다. 얕은 바다를 메워 땅을 만들고 높은 건물을 세우고, 업무의 효율성을 위해 밀집된 업무 지구를 만들었다. 인간은 마이더스의 손으로 승승장구한 역사를 이루어 왔다. 잠시 고개를 들어 자신의 주변을 한 바퀴 빙 둘러보면, 인간의 손으로 자연을 통제한 결과물들에 둘러싸여 있음을 느끼게 된다.

우리는 하루 동안에 무의식적으로 얼마나 많은 것을 통제하며 살아갈까? 실내 조명으로 깊은 밤에 어둠을 통제하고, 냉난방장치와 가습기, 제습기로 계절의 변화에 따른 온도와 습도를 통제한다. 노이즈 캔슬링 이어폰만 있으면 주변의 소음도 완벽히 통제할 수 있다. 밖에 나갈 때는 신발을 신고, 집에서는 신발을 벗는다. 날씨에 맞게 옷을 더 입거나 덜 입고, 밖에 나갔다 들어오면 손을 씻는다. 새치는 뽑고 손톱은 자른다. 통제는 이렇게 우리가 일상을 살아가는 아주 익숙한 방식이다. 게다가 삶을 더 쾌적하고 청결하게 만들어 주니 마다할 이유가 없다.

그런데 앞서 언급한 통제의 공통점을 눈치챘을까? 바로 눈에 보이는 외부 세계에 대한 통제라는 점이다. 환경 파괴나 자원 고갈 같은 문제가 있긴 하지만, 외부 세계에 대한 통제는 그럭저럭 유효한 방법인 것 같다. 거듭된 성공 신화 덕분에 우리는 이 익숙한 방법을 전혀 다른 영역에도 가져간다. 우리 내면의 세계, 즉 마음 안에서 일어나는 일에 대해서도 아무런 의심 없이 같은 방법을 적용하는 것이다. '불안한 느낌이 마음에 안 들어. 어떻게 해야 이 느낌이 없어지지? 좋았어, 부정적인 생각을 당장 긍정적인 생각으로 밀어 내자!' 이렇게 말이다.

청개구리와 흰곰을 생각하지 마세요

잠시 내 안의 상상력을 동원해 볼 시간이다. 눈을 감고 당신의 책상 위에 손바닥만 한 청개구리가 있다고 상상하자. 청개구리를 바라보며 당신의 손바닥을 펴 보라. 상상으로 말고, 진짜로 펴 보라. 청개구리가 당신 손 위에 폴짝 뛰어오른다. 당신은 이제 손 위에 올라앉은 상상 속 청개구리를 보고 있다. 자, 이제 손바닥을 그대로 유지한 채로 다른 양서류를 말해 보자. 청개구리는 절대로, 절대로 생각하지 마라. 어차피 청개구리는 상상에 지나지 않는다. 그런데도 아까 그 청개구리가 손바닥을 떠나지 않는가? 청개구리는 역시 청개구리다. 그런데 여기서 청개구리는 다름 아닌 '생각'을 상징한다. 말을 안 듣기에 생각은 마음대로 통제되지 않는다.

심리학자 대니얼 웨그너Daniel Wegner는 청개구리 같은 생각의 특성을 실험을 통해 보여 주었다. 여기서는 청개구리 대신 흰곰이 등장한다. 실험으로 그는 한 그룹에게 무엇이든지 자유롭게 생각하고 말하도록 했다. 그리고 다른 그룹에게는 무엇이든지 자유롭게 생각하고 말하되, 흰곰에 대해서만은 생각하지 않도록 했다. 그러고는 흰곰에 대해서 떠올리거나 말할 때마다 탁자 위에 놓인 종을 치도록 했다. 결과는 당신의 청개구리와 같다. 추가 실험은 더 재미있다. 첫 번째 그룹은 처음부터 흰곰을 생각하도록 했다. 두 번째 그룹은 흰곰을 생각하지 못하게 했다. 그 후 두 그룹 모두 흰곰을 생각해도 된다고 했을 때, 흰곰을 생각하면 안 되었던 두 번째 그룹이 흰곰에 집착하며 종을 두들겨 댔다.

이 실험이 보여 주듯이 우리 마음은 통제가 잘 먹혀 들지 않는 세계다. 오히려 억제하거나 억압할수록 더 기승을 부리는 것이 마음의 작용이다. 게다가 감정은 때론 거칠고 강렬하다. 누구나 잊고 싶은 지난 기억이 떠올라 이불킥을 한 적이 있을 것이다. 감정을 통제할 수 있다면 이불킥을 왜 할까? 부부 싸움을 왜 할까? 감정을 통제할 수 있다면, 그래서 어떤 감정을 간단히 지워 버릴 수 있다면 이 세상에는 가슴 아픈 사랑도 음악과 그림, 문학이나 영화도 없을 것이다. 로봇의 세상이라면 가능할지 몰라도 인간의 세상은 아니다.

통제 욕구 내려놓기

내 마음속 청개구리 같은 생각, 폭풍 같은 감정을 통제할 수는 없다. 하지만 꼭 통제만이 대수가 아니다. 다른 방법은 그들이 저절로 사라질 때까지 기다리는 것이다. 어려울 것 같다고? 당신의 청개구리는 어디 갔는가? 책을 조금 더 읽어 가는 사이, 청개구리에 대한 당신의 생각은 이미 어디론가 흘러가 버렸다. 감정도 마찬가지다. 앞서 감정 롤러코스터 이야기에서 잠시 나왔던 것처럼 감정의 수명은 길어야 90초다. 아무리 강렬한 감정이라도 90초가 지나면 그 강렬함은 사그라든다. '참을 인 세 번이면 살인을 면한다'라는 속담은 바로 이런 감정의 특성을 간파한 옛사람들의 지혜다. 애써 붙잡지 않으면 생각도 감정도 곧 흩어진다.

그런데 많은 사람들이 자신이 생각과 감정을 통제하려고 애쓰고 있다는 것을 깨닫지조차 못한다. 지나간 일을 곱씹으면서 후회하거나 머릿속에서 반복하는 것을 '반추反芻'라고 하는데, 이 또한 통제하려는 시도다. 과거의 일을 현재에 붙잡고 있으면서 놓아주지 않기 때문이다. 이렇게 할걸, 저렇게 할걸, 그랬으면 어땠을까 하며 진즉 떠나 버렸을 청개구리의 뒷다리를 부여잡고 있다고 생각해 보라. 딱히 동물애호가가 아닌 나부터가 조용히 당신을 신고할 것이다. 미래를 걱정하는 것 또한 통제하려는 시도다. 아직 오지도 않은 청개구리를 생각하며 이제 오나 저제 오나 전전긍긍하는 것이니 말이다. 과거를 반추하거나 미래를 걱정할 때, 내가 내 마음을 통제하려고 하고 있음을 알아차리자. 그럼 많은 것이 변할 것이다.

심리학자 스티븐 헤이즈Steven C. Hayes의 '괴물과 밧줄' 이야기는 불안을 다루는 깊은 지혜를 담고 있다.

당신은 끝을 알 수 없는 깊은 계곡을 사이에 두고 괴물과 줄

다리기를 하고 있다. 무시무시한 괴물과의 줄다리기는 불안과 공포 그 자체다. 당신은 계곡으로 떨어지지 않으려고 있는 힘을 다해 밧줄을 잡아당긴다. 하지만 괴물의 힘을 당해 내기에는 역부족이다. 점점 계곡으로 끌려간다. 이때 당신이 할 수 있는 일이 있다. 바로 붙잡고 있던 밧줄을 놓는 것. 그냥 괴물과 줄다리기하지 않기로 마음먹는 것이다. 여전히 계곡 저편에는 괴물이 있다. 깊은 계곡도 그대로 있다. 하지만 당신은 더 이상 괴물에 힘에 끌려갈까 두려워하지 않는다.

이 짧은 이야기는 공황을 대하는 나의 태도를 완전히 바꿔주었다. 두 번째 공황을 겪을 때까지 공황은 싸워서 이겨 내야 하는 것이라 굳게 믿고 있었다. 그런데 강한 의지를 갖고 힘껏 밧줄을 잡아당기려고 할수록 공포와 절망은 더해 갔다. 절대 이길 수 없을 것 같은 괴물의 강한 힘이 손끝으로 느껴졌다. 그러나 이 이야기를 접한 후로 나에게 공황은 더 이상 싸울 필요가 없는 괴물이 되었다. 이후에도 공황을 겪었지만 두려움과 괴로움은 현저히 줄었다. 줄다리기에 힘을 쓰지 않아도 되니 괴물을 관찰할 여유도 생겼다. 공황을 야기하는 '내 안의 무엇'을 이해하는 데 더 가까워질 수 있었던 것이다.

주변 세상을 통제하려고 하는 것은 인간에게 있어 본능에 가까운 욕구다. 통제 욕구는 인간 문명의 발전을 이끄는 힘이기도 하니까. 하지만 우리 마음의 세계에는 다른 원리가 적용된다. 통제하려 할수록 더 날뛰는 것이 마음이다. 생각도 감정도 흘러가는 물처럼 쉼 없이 흘러간다. 붙잡지 않고 가만히 흘러가기를 기다리면 곧 왔을 때처럼 소리 없이 가 버릴 것이다. 통제 욕구를 내려놓을 수 있다면 불안을 다스리고 내 마음과 좋은 관계를 맺을 수 있다.

6

금메달보다 빛나던
국가 대표급 마음 지혜

한 스승이 커다란 바윗덩어리를 가리키며 제자에게 말한다.

"저 바윗덩어리가 보이는가?"

"네, 보입니다."

스승은 다시 묻는다.

"저 바윗덩어리가 무겁겠나?"

"저렇게 큰데, 당연히 무겁겠죠."

스승은 말했다.

"자네가 집어 들지만 않는다면 무겁지 않다네."

수용이라는 삶의 지혜

이 일화는 불안에 관해 지금부터 살펴볼 내용을 함축적으로 담고 있다. 우리는 커다란 바위를 보면 당연히 무거울 거라고 짐작한다. 물론 무거울 것이다. 하지만 이야기 속 스승의 말처럼 굳이 그 바위를 들어 올리려고 애쓰지만 않는다면 그 바위의 무게는 우리의 현실이 아니다. 우리는 때로 고정관념에 사로잡혀 짊어지지 않아도 되는 무게까지 짊어지려 한다. 필요 이상으로 괴로움을 겪는 것이다. 커다란 바위가 삶에 나타난 난관 또는 장애물이라고 생각해 보자.

쿵! 커다란 바위가 길을 가로막았다. 어떻게 할까? 처음에는 바위를 들어 올려 길에서 치워 보려고 애쓴다. 하지만 바위는 꿈쩍하지 않는다. 망치를 구해 왔다. 망치로 커다란 바위를 쪼갤 작정이다. 한참 망치질을 하니 바위에 겨우 금이 가기 시작했다. 바위를 작은 조각들로 쪼개느라 완전히 땀범벅이 되고 지쳐 버렸다. 다시 힘을 내 걷기 시작하는데, 또 다른 바위가 쿵! 이번에는 조금 더 요령 있게 바위를 쪼개고 나서 땀을 닦으며 가던 길을 마저 가려는데, 또다시 쿵! 쿵쿵!! 끊임없이 바위들이 떨어진다.

이 이야기는 사람들이 흔히 겪는 인생사에 대한 비유다. 가장 지혜로운 방법은 바위가 거기에 있다는 것을 인정하는 것이다. 바위를 옮기거나 부수려고 하지 말고, 피해서 지나가거나 넘어서 지나가면 된다. 이것을 심리학 용어로는 '수용'이라고 한다. 수용한다는 것은 다른 말로 하면 주어진 현실과 싸우지 않는다는 뜻이다. 현실과 싸우려고 하는 사람은 고통받게 되어 있다. 현실은 이미 있는 것이다. 내 앞에 떨어진 커다란 바위가 현실이다. 바위를 있는 그대로 인정하면 그것과 싸우지 않고 지나갈 수 있는 방법을 찾게 된다.

두 번째 화살을 당기기 전에

마주한 바위와 싸우려 하는 것은 마주한 불안으로 괴로움을 느끼는 것과 같다. 심리학자 릭 핸슨Rick Hanson은 『붓다 브레인』에서 괴로움을 겪는 원리를 연속된 두 발의 화살에 빗대어 설명했다. 첫 번째 화살은 우리에게 일어난 일, 현실 그 자체다. 두 번째 화살은 그 현실에 대하여 우리가 덧붙이는 이야기다. 괴로움은 늘 두 번째 화살에서 일어난다. '이번 고과 결과에 따라 승진 여부가 결정된다. → 불안하다.' 이것은 첫 번째 화살이다. 이어 두 번째 화살을 날려 스스로 괴로움을 자초한다. '이번에 승진을 못 하면 무능력한 직원으로 찍히고 말 거야. 회사를 나가야 할 수도 있겠지. 난 정말 무가치한 인간이야. → 극도의 불안함으로 괴롭다.'

$$괴로움^{Suffering} = 고통^{Pain} \times 저항^{Resistance}$$

위 공식은 괴로움의 크기를 설명하는 '괴로움 방정식'이다. 괴로움은 '피할 수 없는 고통(이를테면, 생로병사나 사람들 사이의 갈등 같은 것)'과 '선택할 수 있는 저항'에 비례한다는 내용이다. 이 식에서 저항은 수용과 정반대 태도다. 주어진 현실에 이야기를 덧붙여 현실을 더 괴롭게 만드는 것(두 번째 화살) 또는 주어진 현실을 부정하고 맞서 싸우려는 태도가 바로 저항이다.

내 주변에는 늘 의미심장한 말로 나를 괴롭게 하는 사람이 있었다. 직설적인 듯 아닌 듯 묘한 대화법을 구사하는 그의 말은 종종 메아리처럼 내 머릿속을 맴돌곤 했다. 다른 친구에게 이 고충을 털어놓자 친구는 강경화 전 외교부 장관의 이야기를 들려주었다. 외무고시 출신이 아닌 첫 여성 외교부 장관이자 한국 여성 가운데 최초로 유엔^{UN}최고위직에 임명되는 등 '최초' 또는 '최고'라는 수식어가 따라다니는 그가 어느 인터뷰에서 자타공인 최고의 자리에 서기까지의 비결을 묻는 질문에 답한 말이었다.

"상황이 좋고 결과도 좋고 협력도 잘되면 그런 생각 안 하죠. 그런데 상황이 안 좋거나 원하는 걸 얻지 못할 때, 갈등이 있거나 반대하는 사람이 있거나 실망한 때에 '내가 여자라, 한국인이라 그런가?' 하는 생각이 드는 거예요. …… 저 역시도 정말 열심히 노력하고 있습니다. 기본적으로 상대가 무슨 말을 하면 그걸 있는 그대로 받아들이세요. 너무 지나치게 의심하지 말고요. 상대의 말을 두세 번 곱씹으면서 괜히 넘겨짚지 마세요. 그건 정말 건강하지 않은 업무 습관인데, 그 생각에 빠지는 게 너무 쉽습니다. 그런 마음의 덫에 빠지는 동료들을 너무 많이 봤어요."

수용은 체념과 다르다

현실과 싸우지 않고 현실을 있는 그대로 받아들인다는 것이 자칫 '체념'으로 들릴 수도 있다. 그러나 수용은 체념과 거리가 멀다. 체념은 현실에 대해 아무런 소망도 가지지 않고 삶의 주체성을 포기하는 것을 말하는 반면, 수용은 현실과 싸우지 않는 방법을 택할 뿐 삶의 주체로서 소망과 앞으로 나아가려는 의지를 잃지 않는다. 현실을 있는 그대로 받아들이는 이유는 그것이 이미 여기 있기 때문이다. 있는 것을 있다고 인정하면 대응이 달라지며 새로운 에너지가 생긴다. 싸우지 않는 것은 싸우는 것보다 훨씬 에너지 소모가 덜하다. 오히려 전보다 에너지를 얻는 셈이 된다.

이것은 곧 현실과 우리의 관계가 달라진다는 뜻이다. 저항하면 현실이 우리를 다스리지만 수용하면 우리가 현실을 다스리게 된다. 우리가 주체가 되면 불가피한 고통과 선택적 괴로움을 분리할 수 있게 된다. 눈앞의 고통을 피할 수는 없을지라도 그 고통보다 더 큰 괴로움을 사서 겪지 않기로 선택할 수는 있다. 심리학자이자 『사소한 일에 애태우지 마라』의 저자인 리처드 칼슨 Richard Carlson은 불안을 다스리는 두 가지 기본 규칙을 말했다.

첫째, 사소한 일에 애태우지 마라.
둘째, 모든 일은 사소하다.

물론 삶에는 중요한 순간들이 있다. 모든 일을 사소하게 여기라는 말을 말 그대로 해석하기보다는 현실과 싸우지 말라는 메시지로 받아들이는 것이 좋다. 수용을 실천하기까지는 4단계를 따르게 된다.

1단계	무의식적 무능의 단계 왜 괴로운지 이유도 모른 채 삶이 늘 괴로운 상태
2단계	의식적 무능의 단계 무엇 때문에 괴로운지 이유는 알지만 저항을 멈출 수 없어 괴로운 상태
3단계	의식적 유능의 단계 나를 괴롭히는 문제를 과감히 수용함으로써 마음의 변화를 도모할 수 있는 상태
4단계	무의식적 유능의 단계 현실을 늘 수용하고 있기 때문에 별다른 노력을 기울이지 않아도 평화로운 상태

처음에 당신은 현실과 싸우고 있는지도 모른 채 싸웠을 것이다. 무의식적 무능의 단계다. 그러나 어느 정도 연습을 하면, 내가 현실과 싸우고 있다는 것을 알면서 여전히 싸우고 있는 당신을 발견할 것이다. 의식적 무능의 단계다. 계속 연습해 나가면 의식적으로 현실과 싸우기를 멈추게 된다. 이것이 의식적 유능의 단계다. 나중에는 의식하지 않고도 늘 현실을 수용하고 주어진 상황에서 최선의 선택을 하게 되는 무의식적 유능의 단계를

맞이하게 된다.

2022년 베이징 동계올림픽 쇼트트랙 경기에서 황대헌 선수는 이러한 수용의 힘을 멋지게 보여 주었다. 황대헌 선수는 남자 1000m 준결승 경기에서 압도적인 실력을 보이며 1위로 결승선을 통과했지만 석연치 않은 실격 판정을 받았다. 보는 사람의 얼굴이 다 벌게질 정도로 억울하고 속상한 상황이었지만, 황대헌 선수는 자신의 SNS에 NBA의 전설 마이클 조던의 명언을 남기며 오히려 우리를 위로했다.

"장애물을 만났다고 반드시 멈춰야 하는 건 아니다.
벽에 부딪힌다면 돌아서서 포기하지 말라.
어떻게 하면 벽에 오를지, 벽을 뚫고 나갈 수 있을지
또는 돌아갈 방법이 없는지 생각하라."

이미 벌어진 일에 연연하지 않고 남은 경기에 최선을 다하겠다고 다짐한 것이다. 그리고 이어진 1500m 경기에서 그는 당당하게 금메달을 목에 걸었다. 실력이 아무리 뛰어나도 감정의 동요가 앞섰다면 얻기 힘든 결과였을 거다. 현재 주어진 상황을 수용하고 거기서부터 다시 나아갈 방법을 찾는 것. 금메달보다 빛나고 값진 국가 대표급 멘털의 비밀은 수용에 있었다.

내 감정이 버거울 때
- 감정 중독 끊기

　사람은 술이나 담배뿐만 아니라 감정에도 중독이 될 수 있다. 사귀는 사람이 바뀌었는데도 늘 비슷한 패턴의 연애를 반복한다면, 직장을 바꾸었는데도 전 직장에서와 비슷한 불안을 겪는다면 감정 중독 때문일 수 있다. 상황이 바뀌었는데도 뇌에서는 계속 같은 화학 물질을 방출해 같은 감정을 느끼게 되는 거다. 과거에 느꼈던 감정을 지금도 똑같이 경험한다면 진정한 의미에서 현재를 살고 있다고 할 수 없다. 감정적 흥분이 지나가고 남겨진 기억을 다른 말로 '지혜'라 부른다. 감정 중독을 끊고 지혜로워지기 위해 아래의 활동을 시도해 보자.

1단계: 눈 바라보기

　눈은 마음의 창이다. 마지막으로 내 눈을 바라본 게 언제였는지 기억하고 있는가? 혼자 거울 앞에 서서 눈을 가만히 바라보자. 어떤 감정이 느껴지고 있을까?

2단계: "어서 와!" 감정 환영하기

　눈에서 느껴지는 감정은 과거에 만들어졌지만, 그 당시 충분히 느끼지 못해 고여 있는 감정일 수 있다. 감정을 환영해 주자. 약간 부끄럽겠지만,

혼자 있으니 소리 내어 말해 봐도 좋겠다.

3단계: "왜 그런 거니?" 감정 걱정하기

모든 감정에는 이유가 있다. 감정이 당신에게 찾아온 이유가 무엇인지 물어보자.

4단계: "미안하고 고마워" 감정에 사과하고 감사하기

과거의 감정은 그 당시 당신에게 무언가를 알려 주려 했거나, 당신을 보호하려고 애썼을 거다. 당신을 힘들게 하기 위해서가 아니었을 감정에게 오해를 인정하고 사과를 건네자. 그리고 감정의 선한 의도와 노력에 고마움을 표현하자.

5단계: "언제든 또 와도 돼" 감정의 자리 마련하기

이제 그를 거부하지 않을 거라는 사실을 감정에게 알려 주자. 그러면 감정도 다음번에는 조금 더 부드럽게 노크할 거다.

Part 3

불안한 습관

우리는 우리 마음의 5%만을 의식하며 생활한다. 나머지 95%는 자동 프로그램으로 돌아간다. 의식하기도 전에 반복하고 마는 행동·감정적 습관, 나도 모르는 내 무의식, 성격이라고 부르는 반복된 경향성, 현재의 행동에 영향을 미치는 바래진 기억…. 이 프로그램의 실체가 무엇인지는 아직 미스터리로 남아 있다. 하지만 이렇게 많은 부분이 자동으로 굴러 가는 이유는 뇌에서 찾을 수 있다. 우리 뇌는 하는 일이 정말 많아서 최고의 효율을 추구하므로 최대한 모든 것을 습관화한다. 그 결과 당신은 뭔가 바꿔야 할 때임을 알면서도 살던 대로 살고 느끼던 대로 느끼게 된다. 불안도 이러한 공식을 따른다. 하지만 절망할 필요는 없다. 우리의 뇌는 습관화하는 장치이면서 동시에 변화하는 장치니까!

1

내가 뇌를 모르는데
뇌가 나를 알겠느냐

'몸으로 말해요' 같은 게임을 한다고 생각해 보자. '마음이 아프다'라는 제시어가 등장하면 십중팔구는 심장에 손을 가져간다. 실제로 옛날 사람들은 차가운 이성은 머리(뇌)에, 뜨거운 마음은 가슴(심장)에 있다고 믿었다. 여전히 애타는 사랑에 '가슴이 찢어질 듯 아프다'라는 관용구를 사용하지만, 우리는 이미 현대 과학 덕분에 사랑의 화학 작용이 뇌에서 일어나는 것임을 안다. 몸에서 일어나는 다른 많은 일처럼 마음의 일도 뇌에서 관장한다. 1.5kg 정도의 무게로 체중의 2%밖에 차지하지 않지만 산소와 포도당의 20% 이상을 사용하는 뇌. 뇌는 무엇을 하느라 그리도 바쁠까? 아니 그보다 먼저, 뇌는 어디에서 왔을까?

뇌 없는 생명체의 삶을 상상해 본 적 있는가? 뇌를 가지고 뇌 없는 상태를 상상하려니 이상한 느낌이다. 인류의 조상을 거슬러 올라가면 약 5억 5천만 년 전 '활유어'라는 뇌 없는 작은 생명체를 만나게 된다. 이 생명체는 뇌만 없는 게 아니라 맛을 느끼는 미각 기관과 냄새를 맡는 후각 기관도 없다. 앞을 보는 시각 기관, 소리를 듣는 청각 기관도 없다. 감각과 관련해서는 그저 빛의 변화를 감지하는 세포 몇 개만이 있었다. 입을 벌리고 있다가 입 안으로 들어오는 아무거나 먹고 소화했다. 간단한 움직임만이 가능한 위장 달린 5cm짜리 막대기. 우리의 아득히 먼 조상의 삶은 이렇게 간단히 요약된다.

이토록 단순한 생명체가 살던 세상에 변화를 가져온 대사건이 있었다. 진화의 방향을 정교하고 복잡하게 이끈 것은 바로 잡아먹는(포식) 행위였다. 캄브리아기라고 불리는 시기부터 생명체들은 목적의식을 가지고 사냥을 시작했다. 이로써 먹는 자(포식자)와 먹히는 자(피식자)가 생겨났다. 포식자는 사냥에 성공하기 위해 피식자는 목숨을 부지하기 위해, 감각 기관을 예민하게 발달시키며 서로를 인식하게 되었다. 잘 도망가기 위해 운동 신경 또한 발달되며 몸집이 크고 날렵한 생명체들이 등장했다.

세포 몇 개로 유지되는 생명체에게는 몸을 조절하는 시스템이 필요하지 않았다. 하지만 우리 인간은 진화에 진화를 거쳐 이전에는 없던 많은 기능을 갖추게 되었다. 혈액을 순환시키는 심혈관계, 산소와 이산화탄소를 교환하는 호흡계, 감염원으로부터 보호하는 면역계. 고즈넉하던 시골 마을이 점차 대도시가 된 것이다. 차가 거의 다니지 않는 좁은 시골길에는 신호등이 없어도 괜찮다. 하지만 왕복 8차선 도로에서 신호 체계가 고장 난다면? 말 그대로 재앙이다. 신체 내부의 복잡한 교통망을 정리하기 위해 발달한 것이 바로 뇌다.

뇌가 오늘(평생) 해야 하는 일: 효율적으로 운영하기

우리는 뇌가 있기에 책을 읽고 대화를 하며, 일을 하고 여가를 즐긴다. 완벽한 여행 계획을 세우고 맘에 안 드는 직장 동료의 실수도 잡아 낸다. 하지만 뇌의 가장 중요한 임무는 따로 있다. 바로 당신의 생명을 유지하는 일! 우리가 느끼고 경험하는 모든 일은 뇌가 쉬지 않고 생명을 유지하고 있기에 가능하다. 뇌는 신체의 여러 기관과 소통하며 당신의 명령 없이도 이 일을 완벽에 가깝게 수행한다. 뇌는 심장을 뛰게 하고 호흡을 조절하며, 음식을 소화하고 노폐물을 배설하고는 잠들었다 깨어나게 하고, 상처를 회복하게 한다. 이 모든 일을 뇌가 직접 하는 것은 아니다. 이것을 수행하는 수많은 호르몬 등을 조절하며 가능하게 만든다.

'신체 예산'이라는 개념을 이해하면 뇌의 업무 프로세스를 조금 더 쉽게 파악할 수 있다. 돈의 흐름을 관리하는 재무 예산처럼 신체에도 관리해야 하는 예산이 있다. 수분, 염분, 포도당 등은 우리의 생명을 유지하고 활동을 이어 나가게 하는 에너지 자원이다. 뇌는 이 자원들이 고갈되어 생명이 위태로워지지 않도록, 장기적인 관점에서 신체 예산을 효율적으로 관리한다. 그러려면 갑작스러운 상황을 예측하여 대비하는 작업은 필수다. 그리고 이때의 예측은 보통 과거의 경험을 토대로 이루어진다.

그럼 어떻게 머리에 있는 뇌가 가장 멀리 떨어져 있는 발가락의 예산까지 관리할까? 필요한 곳에 곧바로 업무 지시를 내릴 수 있는 최적의 연락망이 늘 준비되어 있기 때문이다. 바로 1,280억 개의 뉴런들로 이루어진 신경 회로다. 우리 뇌는 정교한 신경 회로로 가득 차 있다. 걱정 회로, 결정 회로, 학습 회로, 습관 회로, 공포 회로, 고통 회로 등 실로 다양하다. 당신이 하는 모든 행동, 느끼는 모든 감정은 뇌 속에 있는 신경 회로의 작용이다.

마침내 자기 자신을 의식하게 된 존재

여기까지만 보면 딱히 인간의 뇌가 다른 동물의 것과 크게 차이가 없다고 느껴질 수도 있다. 다른 동물들도 비슷한 과정을 통해 진화했을 것이기에, 이것만으로 인간 뇌의 특별함이 다 설명되지는 않는다. 사냥의 시대를 거쳐 온 동물 가운데 어쩌다 인간만이 자기 자신을 인식하는 뇌를 가지게 되었을까? 뇌는 왜 우리를 단순히 살아 있게 할 뿐만 아니라 이런저런 생각을 하고 감정을 느끼게 할까? 이 진화의 목적은 무엇일까? 사실 아직까지 오늘날의 과학은 이 질문에 대한 답변을 찾지 못했다. 과학은 무려 5억 년이라는 시간을 거슬러 올라가 진화의 과정을 설명하는 유전자 증거를 찾아내곤 한다. 하지만 진화의 목적은 여전히 불가사의다.

그런데 진화론과 진화의 목적에 관한 질문은 묘한 지점에서 연결점을 갖는다. 열정적으로 진화론을 옹호해 '다윈의 불독'이라 불렸던 영국의 생물학자 토머스 헉슬리Thomas Huxley의 손자이자, 진화생물학자인 줄리안 헉슬리Julian Huxley의 말 때문이다. 그는 "진화를 거듭하여 마침내 자기 자신을 의식하게 된 존재, 그것이 인간이다"라고 말했다. 진화생물학자의 이 말에는 흥미로운 구석이 있다. 인간의 자기 의식 능력은 과연 진화의 우연한 부산물일까? 아니면 우리 몸이 환경에 적응하며 변화하듯 우리의 의식과 마음 또한 진화하는 것일까?

'의식 연구 분야의 아인슈타인'이라 불리는 통합심리학의 대표자 켄 윌버Ken Wilber는 이와 관련해 인간의 몸이 진화라는 과정을 통해서 탄생했듯, 마음과 의식 또한 진화 과정을 거친다고 주장한다. 아직 어떤 방법으로도 증명할 수는 없지만 그의 말이 맞다면 인간이 자기 자신을 의식하게 된 것은 우연이 아니라 필연일지도 모른다. 이러나저러나 확실하게 밝혀진 과학적 사실은 이것 하나다. 환경에 맞추어 변화하는 뇌를 통해 인간의 자기 인식은 고정되어 있지 않고 계속해서 변화할 수 있다는 점. 아직도 많은 부분이 물음표로 남아 있지만 여러모로 우리 뇌는 인간을 인간답게 만드는 가장 중요한 기관이다.

2

뇌가 있는 한
정해진 운명은 없다

뜨거운 물건을 만졌을 때 신체적인 고통을 느끼게 하는 곳은? (정답: 뇌) 사랑하는 사람과의 이별을 겪을 때 정신적인 고통을 느끼게 만드는 곳은? (정답: 뇌) 걱정과 불안으로 잠 못 이루는 밤, 범인은? (정답: 또 뇌!) 이쯤 되면 뇌가 모든 고통의 근원지인 것처럼 보인다. 감정을 주체할 수 없어 너무 고통스러운 날에는 5억 년 전 활유어의 뇌 없는 삶이 차라리 속 편하게 느껴진다. 하지만 뇌가 고통의 근원인 것만은 아니다. 뇌는 스스로 끊임없이 변화할 수 있는 유일한 신체 기관이다. 의학 기술이 좋아져서 신체도 드라마틱하게 바꿀 수 있는 시대라지만, 타고난 것들을 바꾸는 데는 한계가 있다. 하지만 뇌는 어떨까? 뇌는 그

야말로 변화를 타고났다.

유전자는 독재자가 아니다 _____

　남보다 더 불안을 잘 느끼는 유전자를 갖고 태어난 사람들
이 있다. 이 말을 오해하면 안 된다. 그런 유전자를 가지고 있다
고 해서 반드시 남보다 더 불안한 사람이 되는 건 아니기 때문
이다. 우울증을 앓는 부모에게서 태어났다고 무조건 우울증을
앓는 운명을 지닌 것은 아니다. 유전자로 인간 행동의 모든 것이
결정된다는 이론을 '유전자 결정론'이라고 하는데, 오늘날 이 이
론은 사실상 폐기되었다. 과학자들이 유전자의 작동 방식을 알
게 되었기 때문이다. 우리는 실제로 살면서 발현되는 것보다 훨
씬 많은 유전자를 갖고 태어난다. 그리고 그중 어떤 것이 발현되
는지는 수많은 다른 요인들이 함께 작용한다. 한마디로 유전자
는 독재자가 아니다.

　유전자는 환경에 의해 다양하게 발현된다. 그 환경에는 우리
몸 밖의 외부 환경과 몸 안의 내부 환경이 있다. 불안 유전자를
발현시키는 외부 환경으로는 부적절한 양육 환경이나 스트레스
등이 있고, 내부 환경으로 대표적인 것은 호르몬과 신진대사다.
그런데 대부분의 호르몬은 뇌에서 만들어지고 그 안에서 작용

한다. 그러니 유전자의 발현에 뇌도 하나의 환경으로 존재한다. 환경에 영향을 받는 유전자는 단백질을 만들고, 단백질은 몸의 구성과 기능을 바꾼다. 즉 환경을 바꾸면 몸과 마음이 전혀 다른 사람이 된다는 얘기다.

심리학에는 한 사람이 느낄 수 있는 행복의 정도가 타고난 성향이나 유전에 따라 결정된다고 보는 '행복 기준점 이론'이 있다. 좋은 일이 있거나 나쁜 일이 있어도 시간이 지나면 그 사람이 원래 가지고 있는 기준점 수준의 행복 레벨로 돌아간다는 이론이다. (이 이론에서 어쩐지 버려진 유전자 결정론의 냄새가 나는 것 같다.) 이 이론에 따르면 행복 기준점이 낮게 설정된 채로 태어난 사람은 평생 불행한 인생을 살아야 한다. 사실일까? 다행히도 전혀 그렇지 않다. 우리에게는 언제든 바라는 방향으로 변화시킬 수 있는 환경, 즉 뇌가 있다. 유전자나 과거의 경험이 당신의 미래를 결정하게 두지 않아도 된다.

뇌는 변화하기 위해 존재한다

MIT 인공지능 연구소의 공동 설립자 마빈 민스키Marvin Lee Minsky는 뇌의 주된 기능이 내부 변화를 형성하는 것이라고 말했다. 우리가 성장한 과정을 생각해 보자. 걷지 못하던 아이가 걷고, 말 못 하던 아이가 말을 하고, 자기밖에 모르던 아이가 다른 사람의 감정을 헤아리게 되었다. 그 과정마다 뭐가 바뀌었을까? 그렇다, 다양한 학습과 경험을 통해 뇌가 바뀌었다. 우리는 모두 걸음마를 떼고 옹알이를 하면서 걷고 말할 수 있는 뇌로, 사탕을 빼앗아 먹으면 친구가 슬퍼한다는 것을 경험하며 타인을 이해하는 뇌로 변화하며 성장했다.

뇌의 놀라운 점은 우리를 좋은 사람으로 만들어 준다는 것이다. 좋은 옷을 입고, 좋은 몸매를 가꾸는 것은 우리를 좋은 사람으로 바꿔 주지 못한다. 하지만 뇌가 바뀌면 우리는 더 좋은 사람이 될 수 있다. 그러나 뇌가 '좋게만' 변화하는 것은 아니다. 부정적인 사고를 반복하는 사람은 뇌를 더 부정적으로 변화시킨다. 앞서 1부 2장에서 '생각 길'을 기억하고 있는가? 특정한 생각을 반복하면 뉴런의 연결 패턴이 강화하며 뇌가 물리적으로 변한다는 내용이었다. 딱히 마음을 먹은 것도 아닌데 그저 습관적으로 '아, 또 실수했네. 내가 그럼 그렇지'라는 생각 하나만으로도 뇌는 '실수하는 뇌', '자책하는 뇌'로 변한다.

새로운 것을 경험하고 배우고, 기존과 다른 방식으로 생각하고 느낄 때 뇌는 기존에 없던 신경 회로를 만든다. 이 경우는 말하자면 재건축이 아니라 신축이므로 더 적극적인 의미에서 뇌에 물리적 변화가 일어난다. 유튜브 채널 '성공 비밀'에 〈상상으로 인생 바꾸기가 가능한 증거를 보여 주는 영상〉이라는 영상이 있다. 이 영상에서 뉴런이 새로운 신경 회로를 연결하는 장면을 볼 수 있는데, 뇌가 변화하는 순간을 포착한 이 장면은 마치 새 생명의 탄생처럼 정말 경이롭고 아름답다. 이렇듯 '뇌의 물리적 변화'는 관찰된 사실이다. 이는 또한 우리의 운명이 우리 손에, 아니 뇌에 달려 있다는 의미기도 하다.

10여 년 전에 겪었던 우울증에 최근 공황까지 겪으며 아무래도 내 뇌가 좀 잘못된 거 아닌가 의심하기도 했다. '내 뇌가 남들보다 약한가…. 남들은 멀쩡한데 앞으로도 나만 스트레스에 이렇게 무너지겠지.' 그런 생각을 하다 보니 무언가 새로운 시도를 할 때마다 굉장히 우울하고 불안해졌다. 바로 그 순간 나는 부정적인 감정을 동원해 뇌의 불안 회로를 강력하게 연결한 셈이다. 이렇게 나의 뇌는 그 생각이 있기 1초 전보다 더욱 불안한 뇌로 바뀌었다. 그런 생각을 의식적으로 멈추기로 마음먹지 않았으면 지금쯤 내 뇌에는 불안의 KTX 노선이 깔렸을 것이다.

긍정 회로를 건축하기 위한 준비물

뇌를 긍정적으로 변화시키는 데는 돈이 들지 않는다. 새로운 악기를 배우거나 강의를 듣거나 하는 것처럼 별도의 시간이 필요하지도 않다. 딱 한 가지만 기억하면 된다. 나의 뇌를 아기처럼 다룰 것! 모든 것을 일단 입으로 가져가고 보는 아기처럼, 우리 뇌는 어떤 변화가 우리에게 좋고 나쁜지 잘 모른다. 그러니 머릿속의 아기가 해로운 것을 입에 가져가지 않도록 섬세하게 돌봐야 한다. 이 일도 육아 만큼이나 인내심과 애정이 필요한 일이다. 사랑으로 아이를 돌보는 사람이 생각보다 빨리 자라지 않는다고 아기를 재촉하거나 윽박지를까? 뇌의 변화는 스스로 체감하기까지 시간이 오래 걸린다. 충분히 여유를 갖고 지켜보자.

아기가 있는 집에 가 본 사람이라면 익숙할 물건들이 있다. 거실 바닥에 깔린 안전 매트와 모든 가구에 붙어 있는 모서리 커버. 특히 이제 막 걷기 시작한 아이라면 그 집은 아이를 보호하는 육아 용품으로 사방이 뒤덮이기 마련이다. 뇌를 키울 때도 마찬가지다. 새로운 변화를 시도할 때는 첫걸음마를 떼는 아이처럼 스스로에게 부드럽고 친절해야 한다. 어떠한 상황을 호기심으로 대하면 뇌는 급격한 변화일지라도 잘 받아들인다. 새로운 뉴런의 연결에 필요한 화학 물질들이 풍부하게 공급되기 때문이다. 반대로 수치심을 느끼는 등 부정적인 마음 상태에서는 아무리 긍정적 상황이라도 물질 공급망에 차질이 생겨서 긍정적 신경 회로를 연결할 가능성이 닫혀 버린다.

마지막으로 우리의 뇌는 어느 미친 과학자의 인큐베이터가 아니라, 세상 속 다른 사람들의 뇌에 둘러싸여 있다. 뇌가 다른 뇌와 소통하는 방식은 '대화'를 통해서다. 누군가의 가시 박힌 말에 상처받고 화나고 기운 빠졌던 경험들이 다들 있을 것이다. 이는 머릿속 아기에게 매우 해로운 환경일 뿐만 아니라 신체 예산까지도 앗아 간다. 뇌에서 언어를 담당하는 영역들이 신체 예산 또한 조절하기 때문이다. 곧 말은 인체를 조절하는 도구기에, 다른 사람이 당신에게 사용하는 말은 당신의 뇌와 신체에 직접적인 영향을 주는 환경이 된다. 그러니 부정적인 말을 던져 대는 당신 주변의 마음 도둑들을 가능한 멀리 해야 한다.

만성 불안이 일으키는 악순환

그런데 만약 당신이 만성 불안을 경험했다면 신경 회로 이전에, 뇌의 화학적 환경 자체가 변화했을 가능성이 있다. 불안을 유발하는 호르몬이나 신경전달 물질은 더 많이 분비되고, 안정감을 느끼기 위해 필요한 물질들은 제 역할을 못 하게 된다는 뜻이다. 그러면 뇌는 기분 탓이 아니라, 실제로 불안을 더 잘 감지하고 느끼도록 바뀌고 만다.

만성 불안이 뇌를 불안하게 바꾸는 데는 편도체와 해마의 역할도 크다. 불안을 느끼면 위협을 감지하는 편도체가 민감해지는데, 그러면 자주 불안감을 느끼게 된다. 어느 실험에서는 피실험자들에게 '악몽'과 같은 부정적인 단어를 보여 주는 것만으로도 편도체의 반응성이 높아지는 것을 확인했다. 또한 해마는 일어난 일에 대한 기억(명시기억)을 형성하는 역할을 하는데, 불안을 느낄 때 분출되는 '코르티솔cortisol' 같은 스트레스 호르몬이 이 작업을 방해한다. 그 결과, 현재 상태를 바탕으로 새로운 기억을 만들지 못하고, 왜 불안하고 기분이 나쁜지 이유도 모른 채 계속 막연히 불안한 상태가 된다. 흥분된 편도체와 약화된 해마가 만나 불쾌감을 유발하는 탓이다.

만성적인 불안은 흔히 우울감도 동반하게 된다. 갑작스러운 화학 명칭들로 당황스럽겠지만 원리를 설명하자면 다음과 같다. 불안할 때 분비되는 스트레스 호르몬인 '당질 코르티코이드corticoid'는 우리 몸에 활기를 주는 호르몬인 '노르에피네프린norepinephrine'을 감소시키고, 동기 부여를 도와주는 신경전달 물질인 '도파민dopamine'을 억제한다. 만성적으로 노르에피네프린이 부족하면 맥 빠진 기분이 들고, 도파민이 늘 부족하면 어떤 일에도 감흥이 생기지 않는다. 한마디로 우울증에 빠지는 것이다. 이렇게 우울증에 빠지면 기분을 좋게 만드는 신경전달 물질 '세로토닌serotonin'이 제 역할을 못 하게 되어, 낮아져 있던 노르에

피네프린은 수치는 더더욱 낮아지게 된다. 불안이 우울을 부르고, 우울이 불안을 또다시 부르는 뇌 속 악순환이 자리 잡는 것이다.

이는 단순히 의지만으로 불안장애나 우울증을 극복하기 어려운 까닭이다. 따라서 마음이 힘들 때 가볍게 지나치지 말고 전문가의 도움을 적극적으로 구해야 한다. 살아가다 보면 누구나 힘들 때가 있다. 하지만 힘든 마음을 오래 방치하면 빠져나오기 어려운 깊은 구덩이에 빠지게 된다. 오늘날 현대인에게 불안은 감기처럼 흔하지만 너무 가볍게 생각해서는 안 된다. 예방주사를 맞듯이 불안도 관리가 필요하다. 가만히 두면 불안은 스스로 자라나는 경향이 있다. 갯벌에 빠지자마자 발을 빼는 것은 어렵지 않지만, 너무 깊이 들어간 다음에는 훨씬 힘들어진다.

3

불안감을 떨쳐 버리기
힘든 이유

살다 보면 머피의 법칙처럼 온 우주가 나를 괴롭히려고 작정한 것처럼 되는 일이 하나도 없는 날이 있다. 그런 날에는 인생의 힘든 일이 꼭 연달아 일어나는 것만 같다. 하지만 정말 내 인생의 시험지만 최고난도 문제들로 가득 차 있는 걸까? 절반이 채워진 유리잔을 보고 누군가는 물이 절반이나 남았다고 하고 누군가는 물이 절반밖에 안 남았다고 말하는 것처럼, 우리는 눈앞의 세상을 주관적으로 해석하며 살아간다. 나쁜 일이 꼭 연달아서 일어나는 것 같은 건 이미 나빠진 기분이 나쁜 일을 더 잘 포착하게 되기 때문이다. 불안한 마음이 불안할 만한 다른 이유를 계속해서 찾고 있는지도 모른다.

전혀 달콤하지 않은 불안의 ABC

고대 그리스 철학자인 에픽테토스^{Epictetus}는 무려 1세기에 「불안에 관하여」라는 글에서 이렇게 말했다. "사람은 대상이 아니라 그 대상에 대한 생각 때문에 불안해한다." 특정한 상황에서 모든 사람이 똑같은 불안을 느끼는 건 아니다. 불안은 지극히 개인적이고 고유한 경험이기 때문에 여럿이 동시에 불안을 느끼더라도 그 정도와 의미는 다 다르다. 다시 말해 객관적인 사건이 불안을 유발하는 것이 아니라, 사건에 대한 주관적인 해석과 믿음이 불안을 일으키는 것이다. 불안이 일어나는 과정을 표현하는 수식인 '불안의 ABC'를 소개한다.

인지 행동 치료의 창시자인 심리학자 앨버트 엘리스는 불안을 유발할 수 있는 선행 사건^{activating event}(A)과 그 사건에 대해 개인이 가진 믿음과 해석^{belief}(B), 그에 기반한 대응과 결과^{consequence}(C)를 나누어 파악한다. 이를 도식으로 표현하면 다음과 같다.

이 도식에 따르면 불안은 어떤 사건에 대한 생각, 믿음, 인지, 해석, 즉 우리의 관점에 의해서 일어난다. 이때 나의 불안을 들여다보고 이해하기 위해서는 사건이나 결과보다 믿음과 해석 부분에 주목해야 한다. 이 부분이 타인과는 다른 나만의 고유한 불안을 드러내는 지점이다.

고등학교 시절, 책 읽기를 유일한 낙으로 삼았던 나는 도서관에서 읽게 된 몇 권의 책들을 계기로 실존주의 철학에 관심을 갖게 되었다. 그저 철학에 심취한 독특한 학생 중 하나로 끝났을 수도 있었지만, 혼란했던 20세기 초반을 살다 간 문호들의 글은 내 안의 무언가를 건드렸다. 사르트르Jean-Paul Sartre의 『구토』, 알베르 카뮈Albert Camus의 『이방인』 같은 책을 접하며 삶과 죽음의 의미란 무엇인가에 대해 자주 생각했다. 곧 나의 생각은 '사람이 태어나고 죽는 데 아무런 의미도 없다고? 그럼 이렇게 열심히 살아서 뭐 해'와 같이 점점 부정적으로 흘러갔고, 이내 그 생각에서 빠져나오지 못하게 되었다. 원하지 않은 생각이 조절되지 않고 마음속에 자꾸 반복적으로 떠오르는 증상을 '강박 사고'라고 한다. 그리고 부정적인 강박 사고에서 빠져나오지 못하는 시간이 길어지면 우울증을 겪기 딱 좋은 상태가 된다. 죽음에 대한 강박 사고가 결국 깊은 우울증까지 이어지게 된 나의 사례를 불안의 ABC에 대입해 보면 이러하다.

선행 사건(A): 사람은 누구나 죽음을 맞이한다는 사실을 인지한다.

개인적인 믿음과 해석(B): 죽음은 모든 게 소용없어지는 비극이며, 피할 수 없다고 이해한다.

결과(C): 예정된 비극에 무력감을 느끼고 우울감을 느낀다.

사람은 누구나 태어난 이상, 때가 되면 죽음을 맞이한다는 객관적인 사실은 (A)에 해당한다. 하지만 죽음에 대해 생각하는 모두가 불안과 우울을 겪지는 않는다. 내 불안의 원인은 바로 (B), 죽음에 대한 나의 해석이었다. 누군가는 죽음을 인지하는 순간, 오히려 인생의 유한성을 깨닫고 현재에 대한 무거운 족쇄가 풀릴 수도 있는 일이다. 하지만 나는 죽음을 피할 수 없는 종말이자 내게서 소중한 것을 앗아 가는 비극이라 해석했고, 그 해석이 나를 불안하고 우울하게 만들었다.

그러나 불안이 일어나는 방식을 알게 되고 객관적인 사실 때문이 아니라는 것을 깨닫자 변화의 여지를 발견할 수 있었다. '나의 관점과 해석을 바꾸면 결과값이 달라진다.' 이 사실 하나에 큰 위안을 얻었다. 나의 관점을 바꾼다는 것도 딱히 쉬운 일은 아니지만, 이미 벌어진 사건이나 객관적 사실을 바꾸는 것보다는 쉽다. 후자는 절대로 바꿀 수 없으니 말이다.

색안경을 끼고 바라보는 세상

불안을 만들어 내는 자기만의 관점은 오래된 신념의 산물이다. 전문용어로는 이를 '스키마schema'라고 하는데, 자동으로 떠오르는 생각이나 반복되는 사고 패턴 밑에 깔려 있는 세계관 또는 신념을 가리킨다. 이것은 마음 깊은 곳에 있어서 평소에는 인식하기가 어렵다. 하지만 어떤 생각을 하더라도 늘 수면 밑에서 작용하여 생각의 토대가 된다.

나쁜 일은 꼭 연달아서 일어나는 것처럼 느껴지는 머피의 법칙도 스키마의 작용으로 인한 현상이다. 이는 '기분일치주의 편향'이라는 것으로, 단지 기분이 안 좋다는 이유만으로 기분 나쁜 일을 더 잘 포착하게 되는 심리적 현상을 말한다. 뉴스에는 늘 좋은 소식도 있고 나쁜 소식도 있지만, 우울증에 걸린 사람은 같은 뉴스를 봐도 나쁜 소식만 귀에 쏙쏙 잘 들리게 된다. 머피의 법칙은 바깥 세상에 존재하는 것이 아니라 나의 머릿속에서 만들어진 것이다.

마치 빨간색 필름이 붙은 색안경을 쓰고 바라보면 빨간 세상이 보이는 것과 같다. 빨간 색안경을 쓰고 있는 사람에게는 빨

갛게 보이는 세상이 진실이다. 하지만 모든 사람이 빨간 세상을 보는 것은 아니다. 임상심리학자이자 정신과의사인 아론 벡Aaron T. Beck은 바로 이 지점에서 불안을 치유할 실마리를 찾았다. 그는 우울증 환자들이 대체로 부정적인 생각을 반복한다는 공통점에 주목했고, 그들의 주관적인 해석을 파악해 왜곡된 인지를 교정하는 인지 행동 치료를 개발했다. 자기의 주관적 관점을 객관화해 보도록 이끈 것이다. 코 위에 얹어 놓았던 색안경을 벗으면 세상은 본래의 다채로운 색깔을 되찾는다.

하지만 밑바탕 신념은 찾기도 어렵고, 바꾸기는 더 어렵다. 내가 무슨 색의 안경을 쓰고 있는지 아는 일이 말처럼 쉽지 않다는 뜻이다. 다만 앞서 내 경험에서 말했듯이 '색깔이 있는 안경을 쓰고 있다는 사실'을 아는 것만으로도 큰 도움이 된다. 아론 벡도 치료 과정에서 신념 그 자체보다는 '그 신념을 바탕으로 하게 되는 생각'을 주로 다루었다. 주관적인 것을 객관적으로 바라보는 일은 혼자서 하기 어렵다. 그러니 고민이 되는 일이 있을 때는 혼자 생각하기보다 다른 사람과 함께 논의하는 것이 좋다. 특히 이런 치료법에 훈련이 되어 있는 전문가와 대화를 나누면 더 효율적으로 변화의 물꼬를 틀 수 있다.

세상을 바라보는 스스로의 관점과 그 아래 깔린 오래된 신념을 마주하면, 나만의 독특하고 개성 있는 불안과 화해할 기회가 생긴다. 지극히 개인적인 나의 불안을 이해하는 것은 나 자신을 이해하는 데 도움이 되기에 곧 나와의 관계를 잘 맺어 나가기 좋은 시작점이 된다.

4

모든 것은
당신이라는 습관으로부터

'미라클 모닝'이 처음 등장했을 때, 출퇴근만 간신히 하던 평일을 생산적으로 쓸 수 있겠다며 당차게 시도했던 적이 있다. 관찰력이 좋은 사람들은 이미 결말을 눈치챘을 것이다. 나는 단일주일도 이어 가지 못했다. 내가 하고자 했던 루틴은 평소보다 1시간 일찍 일어나서 운동하는 것이었다. 하지만 기상 시간을 당기는 것은 물론, 새벽 운동은 더더욱 쉽지 않았다. 운동이 건강한 삶을 위한 습관이라는 것은 뼈에 사무치도록 안다. 하지만 늘 하던 대로 누워 있었다. 습관이 지식을 이겼다. '오늘은 꼭 해야지!' 마음먹었지만 막상 운동할 시간이 되자 '내일부터 할까?' 생각했다. 습관이 의지도 이겼다. 그런데 이러한 나의 행동만이 아니라 '이건 아침잠 없는 사람들이나 할 수 있겠네'라는 생각(합리화)도, '나보다 잘난 사람들도 열심히 사는데, 내가 이래도 되나?'라는 파생된 불안도 사실 전부 습관이다. 습관은 물리적 행동에만 해당되는 것이 아니다. 그렇게 습관은 당신의 행동과 생각, 감정을 지배해서 당신이 진정 누구인지를 결정한다.

뇌가 습관을 만드는 방식

세 살 버릇 여든까지 간다는 속담을 어른들은 어찌나 좋아하는지 어렸을 때부터 귀가 따갑게 들어 왔다. 왜 우리는 너무도 쉽게 습관의 노예가 되어 버리는 걸까? 이유는 뇌에 있다. 우리는 이제 뇌가 얼마나 바쁘게 일하는지를 안다. 뇌는 제한된 신체 예산을 효율적으로 쓰기 위해 이미 알고 있는 자료(경험)들을 토대로 행동을 예측하는데, 처음 맞이하는 환경이나 한 번도 해 보지 않은 일은 데이터가 없기 때문에 많은 신체 예산을 사용하게 된다. 이러한 돌발 상황에 대비하여 뇌는 우리가 반복적으로 하는 모든 행동을 자동화해 놓는다. 그 결과가 바로 우리가 '습관'이라고 부르는 것이며 뇌신경학적으로 말하면 '하나의 패턴화된 신경 회로가 발화하는 것'이다.

어떤 행동이나 생각이 습관이 되는 과정에서 뇌가 중요하게 생각하는 것은 단 하나, 효율이다. 신체 예산의 효율적 운영은 뇌의 기본 업무다. 그러니 예산을 낭비하지 않기 위해 우리가 반복하는 것들은 전부 다 습관이 된다. 그런데 뇌는 무언가를 습관으로 프로그래밍하면서, 이것이 좋은 습관인지 나쁜 습관인지를 구별하지 않는다. 여기가 당신이 밑줄을 긋고 별표를 쳐야 하는 지점이다. 뇌는 장기적으로 당신의 삶에 도움이 될지 해가 될지 심사숙고한 후에 습관으로 삼는 것이 아니다! 뇌가 습관을 만드는 방식을 이해하면 다음의 결론에 도달한다. 당신이 습관을 만드는 게 아니라 뇌가 습관을 만드는 것이며, 더 나아가 그 습관은 당신의 삶을 채운다.

뇌가 습관을 만드는 과정을 조금 더 설명하려 한다. 습관이 만들어졌다는 것은 우리 뇌의 '배측 선조체'라는 곳에 특정한 패턴이 새겨졌다는 것을 의미한다. 배측 선조체는 이미 새겨진 패턴을 충실히 따르는 우직한 신하다. 그는 패턴을 그대로 수행하는 일에 최선을 다한다. 그가 명령을 이해하고 수행하는 방식은 오로지 반복을 통해서고, 실제로 당신이 배측 선조체에게 내리는 명령어 또한 '반복하라'다. 그러니 새로운 행동과 생각을 습관으로 만들기 위해서는 굉장히 자주 반복해서 기존의 것보다 더욱 강력한 패턴으로 새겨야 한다. 힘든 과정이지만 한번 제대로 만들어 놓으면 우리의 든든한 신하들이 알아서 수행해 줄 거다.

당신이라는 습관

미국의 레전드 시트콤인 〈프렌즈〉에는 주인공 모니카가 남자 친구에게 자신의 습관들을 설명하는 장면이 나온다. 잠은 꼭 침대의 오른쪽에서 자야 하고, 이불의 라벨은 오른쪽 하단에, 꽃무늬는 베개 쪽을 향해야 한다. 그렇게 자신의 습관을 털어놓고 모니카는 말한다. "나는 이렇게 이상한 사람인데, 내 남자친구인 당신한테는 이런 이상한 점이 하나도 없다니! 말도 안 돼!" 누군가는 모니카가 말하는 습관을 보고 '저건 습관이 아니라 강박적인 취향 아냐?'라고 생각했을지도 모르겠다. 물론 이는 오해다. 그 이유는 우리가 습관이라는 것을 너무 피상적으로만 알기 때문이다. 일반적으로 좋은 습관이라고 하면 균형 잡힌 식사, 적절한 운동 같은 것들을 떠올린다. 나쁜 습관의 대표적인 예는 불규칙적인 수면 시간, 과도한 음주 및 흡연 등이 있다. 하지만 겉으로 드러나는 행동만 습관이 아니다.

사실 당신이 생각하고 느끼는 모든 방식이 습관이다. 삶과 사람에 대한 태도도 반복되는 습관이다. 행복이나 슬픔을 느끼는 방식도 습관이고, 성격과 정체성도 하나의 습관이다. 출근하자마자 퇴근하고 싶은 직장 생활, 헤어지는 게 맞는 줄 알면서도 이어 가는 관계, 사람을 너무 믿으면 안 된다는 가치관까지도 습관이다. 그렇다 보니 나라는 사람이 어떠한 습관으로 이루어져 있는지 구성하는 것도 가능하다. 하루 24시간, 매일매일 당신의 의식적이고 무의식적인 습관들이 모여 당신이 된다고 생각해 보라.

한 해를 보내며 달라질 새해를 꿈꾸고, 매일 밤 잠자리에 들며 새로운 날을 기대하지만 이런 낡은 습관들을 의식하지 않으면 정확히 어제와 같은 하루가 반복될 뿐이다. 나처럼 미라클 모닝 같은 자기계발을 무작정 시도하기 전에, 먼저 해야 하는 일이 있다. 나를 구성하는 뿌리 깊은 습관들을 철저히 의식하는 일이다. 나에게는 어떤 습관이 있는가? 어떤 습관을 바꾸고 싶은가? 스스로 만족하고 자랑스러운 습관은 무엇인가? 나의 습관에 대해서 알게 될수록 나라는 사람에 대해 많은 것을 발견하게 될 것이다.

10대 때 나는 과도하게 높은 목표를 세우고 달성하지 못하는 습관이 있었다. 결과적으로 자주 스스로에게 실망하고 자신을 채찍질하곤 했다. 오래도록 물을 주고 거름을 준 탓에 이 씨앗은 무럭무럭 자라나 우울증이라는 마음의 병으로 돌아왔다. 또 20대 때는 좋은 대학에 들어간 것만으로 특별한 사람이 되었다는 착각과 거기서 비롯된 거만한 태도를 습관으로 삼았다. 매사를 가볍게 여기고 건방지게 굴었으나, 연이은 실패들을 맞이

하면서 잘난 자신감은 얼마 못 가 흔적도 없이 사라졌다. 곧바로 다시 스스로에 대한 가혹한 자기비판을 시작했다. 그리고 다시 몇 번의 성공으로 우쭐해졌다가 또다시 땅굴을 파고들어 갔다. 이 짓을 몇 차례나 반복했을까? 정신을 차린 것은 내 마음이 벼랑 끝에 간신히 매달린 것을 깨달은 직후였다. 나는 유적지를 발굴하는 조사원의 심정으로 스스로를 엉망으로 만들어 온 이 낡고 강력한 습관들을 하나하나 찾아 나섰다.

습관을 바꾸는 습관 기르기

습관을 바꾸기 위해서는 먼저 나의 기존 습관을 의식해야 한다. 행동 습관, 생각 습관, 감정 습관, 관계(대화) 습관, 생활 습관… 무엇이든 좋다. 지금 나에게 최우선으로 필요하다고 느끼는 것부터 하나씩 찾아내면 된다. 어디에서 시작해야 할지 모르겠다면 가장 불만스럽고 불편한 마음이 느껴지는 순간을 주목해 보라. 내가 요즘 왜 이렇게 A한테 짜증을 내는가 의문이 든다면 A(또는 A 같은 사람)를 대할 때 내가 반복적으로 취하는 습관을 점검하는 거다. 같은 상황에서 같은 생각을 하고, 같은 감정을 느끼고, 같은 행동을 하고 있는 자신을 의식하자. 그리고 의식한 순간 새로운 습관을 가지겠다는 의도를 떠올리는 거다.

'조금만 더 친절하게 말하자.' 뇌는 그 즉시 기존과 다른 신경 회로를 연결한다.

그다음 할 일은 신경 회로의 연결 패턴을 바꿈으로써 새로운 습관이 기존의 습관을 대체할 수 있다는 것을 이해하고 믿는 것이다. 다시금 말하지만 우리가 의도하지 않아도 뇌는 반복되는 모든 것을 습관화한다. 그러니 우리의 몫은 좋은 습관을 가지겠다는 의도를 품고, 기존의 습관 대신 새로운 습관을 최대한 반복하는 것이다. 더 생산적이고 긍정적인 행동 습관, 생각 습관을 가지겠다고 다짐하고 그에 맞는 행동과 생각을 반복할수록 우리의 뇌는 우리를 더 생산적이고 긍정적인 사람으로 만들어 준다.

단, 조건은 기존의 습관보다 더 많이 반복해야 한다는 것이다. 신경 과학에는 헵의 법칙Hebb's Law이라 불리는 중요한 원리가 있다. 함께 발화되는 신경 세포(뉴런)들끼리 서로 연결이 강화된다는 것이다. 결과가 기대에 미치지 못할 때 '난 부족해서 안돼'라는 부정적 생각이 든다면 재빨리 '내가 지금 어떤 부분에 더 집중해야 할까?'라는 생산적인 생각으로 전환하자. 이렇게 동시에 일어나는 사소한 생각 전환의 순간들도 겹겹이 쌓이면 점차 쉬워지고, 마침내 당신의 뇌가 기존의 부정적인 신경 패턴을 끊고 긍정적인 패턴으로 재조정될 것이다.

5

나를 묶고 가둔다면
가능성도 묶인 채

어느 날, 친구가 자신이 연애를 안 한 지 오래되었는데 사람을 만날 기회도 없어서 답답하다고 말했다. 그래서 그가 오랜만에 점을 보러 갔는데(여기서 이미 무언가 잘못되었다는 것을 알아챘어야 했다) 글쎄, 앞으로 3년간은 연애운이 전혀 없다고 말했단다. 그러면서도 방법이 하나 있기는 있다고 했다. 나이가 10살 이상 차이 나면서 한 번 식장에 갔다 오신 분을 만나면 된다고. 얘기를 듣는 동안 생각했다. 친구가 연애하기 위해 가장 먼저 그만둬야 하는 일은 점을 보러 가는 일이 아닐까? 그 사람 말을 믿지 말라는 내 말에 친구는 웃으며 "그냥 재미로 본 거야"라고 했다. 재미는 무슨, 나는 친구의 복장 터지는 점술 후기를 그 후에도 종종 들어야 했다.

당신을 막는 것은 오직 당신의 믿음뿐 _____

사주팔자나 토정비결이 미신이라거나 근거 없다는 이야기를
하려는 건 아니다. 오랜 세월 동안 하나의 학문 분야로서 연구
되고 있음을 존중한다. 요즘 말로 하면 '통계적으로 맞는' 이야기
가 많다는 것도 안다. 하지만 타인이 뿌린 말의 씨앗이 얼마나
쉽게 믿음의 싹을 틔우는지 생각해 본 적 있는가? 특히 권위 있
는 말이라면 더더욱 걸러질 새도 없이 체를 물처럼 통과해 믿음
이라는 명목으로 마음에 스며든다. "용한 점쟁이가 그러는데…",
"성공한 사람들은 다 이렇게 했대". 친구가 정말 앞으로 3년간
연애를 못 한다면 그 결과에 점쟁이의 말은 얼마만큼의 원인을
제공한 것일까?

최근에 지인에게 들은 이야기 하나가 믿음의 강력한 힘을 잘
보여 준다. "이 강아지는 가망이 없을 것 같습니다." 10년 전 지
인이 차에 치인 강아지를 구조해서 동물 병원에 데려갔을 때
의사는 이렇게 말했다. 방치된 지 오래되어 제대로 기능하는 장
기를 찾기가 힘들 지경이었던 탓이다. 지인은 안쓰러운 마음이
들어 일단 함께 집으로 갔다고 한다. 그런데 강아지는 놀라운

모습을 보여 주었다. 제 발로 다리를 들 힘도 없는 게, 소변 패드 안에 일을 보겠다고 낑낑거리며 애를 쓰는 것이었다. 그 순간 지인은 그 작은 생명이 얼마나 강하고, 얼마나 살고 싶어 하는지를 보았다고 한다. 그래서 정성을 다해 보살폈고 강아지는 10년이 지난 지금도 집안의 막둥이 역할을 톡톡히 해내고 있다. 수의사도 강아지의 회복에 놀라고 감동했다. 수의사와 지인의 차이는 단 하나였다. 살 수 없다고 믿은 것과 살 수 있다고 믿은 것.

사춘기를 지나며 다소 조숙했던 나는 또래 친구들과의 대화나 학교생활이 별로 즐겁지 않았다. 더군다나 때때로 내 생각을 말할 때면 사람들은 쓸데없는 생각을 한다는 반응을 보였다. 내게 우울증이 있다는 사실을 알고 단전에서부터 용기를 끌어올려 난생처음 찾아간 동네 정신건강의학과 의원에서 의사에게 들었던 말도 비슷했다. "왜 그런 생각을 해요?" 나는 그 말을 하는 의사의 표정이나 말투 그리고 손동작에서 '도대체 왜?'라는 뉘앙스를 느꼈다. 그래서 아예 기대를 안 하기로 했다. 누군가 나를 이해해 줄 거라는 기대를 접으니 실망할 일도 없고 외롭다고 느끼지도 않았다. '아무도 나를 이해 못 해.' 이 조용한 믿음은 점점 더 크고 단단해졌다.

그러던 내게 특별한 친구가 나타났다. 혼자만의 것으로 간직해 온 이야기를 털어놓았을 때 말없이 들어 주던 그는 눈물을 흘렸다. 그 순간, 처음으로 나의 모든 것을 있는 그대로 이해받는 느낌이 들었다. 처음에는 그 친구가 내 생에 대화가 통하는 유일한 사람이라고 생각했다. 하지만 이후에 깊은 이해와 소통을 나눌 수 있는 소중한 친구를 또 만났다. 더 정확하게는 그동안 내가 마음을 열지 않았을 뿐, 나를 이해해 주는 친구는 전부터 늘 곁에 있었다는 사실을 알게 되었다. 나는 오래된 믿음을 바꾸기로 했다. '나를 이해해 줄 사람은 반드시 있다.' 스스로를 고립시키던 외톨이는 이제 감사한 인연에 둘러싸여 있다.

자기제한적인 믿음의 패턴 찾기

"인간은 누구나 자기 상상력의 한계를 세상의 한계라고 생각한다". 철학자 쇼펜하우어Arthur Schopenhauer가 말했다. 우리는 경험을 통해 생각하고, 반복되는 경험에서 믿음의 패턴을 만든다. 아직까지 겪어 보지 못한 것은 이 세상에 없다고 믿어 버리기도 하고, 경험해 본 틀 안에서 '이건 늘 이래'라며 단정 짓기도 한다. 인간이라면 누구나 그렇다. 겪어 보지도 않은 일을 상상만으로 받아들인다? 그런 척은 할 수 있을지 몰라도 마음 깊이 긍정하기는 어렵다. 하지만 왜 믿음이 세상의 한계를 좁히도록 내버려

뒤야 하는 걸까? 어제와 다른 내일을 꿈꾸며 살아가는 데 방해만 되는 자기제한적인 믿음의 패턴을 솎아 내자.

자기제한적인 믿음 패턴	부정적 효과
사람들에게 인정받으려면 유능해야 해.	늘 유능해야 한다는 압박감과 긴장을 느끼며 산다.
나를 이해할 수 있는 사람은 없어.	주변 사람들과 제한적인 소통만을 하면서 스스로를 외롭게 한다.
남들이 나를 뭐라고 생각하겠어?	진정 원하는 일이 아닌 남들 눈에 멋지게 보이는 일에 시간을 낭비한다.
지치고 힘이 들어야 열심히 사는 거야.	즐기면서 열심히 사는 삶을 살지 못한다.
돈을 번다는 건 내 시간을 파는 거야.	돈 버는 시간을 억지로 견뎌야 하는 시간으로 만든다.
진심을 다하면 사람들이 내 의도를 알아줄 거야.	사람들은 각자 자신만의 시각으로 세상을 바라본다는 사실을 간과하고 상처받는다.
최선을 다하면 반드시 좋은 결과가 있을 거야.	최선을 다해도 결과가 따르지 않을 수 있다는 사실을 받아들이지 못한다.

변하는 건 나쁜 거야.	나 자신을 포함해 모든 것이 변한다는 사실을 유연하게 받아들이지 못한다.
세상은 원래 이런 곳이야.	다른 세상이 펼쳐질 수 있는 가능성을 스스로 차단한다.

자기제한적인 믿음과 그에 따른 부정적인 효과는 이런 식이다. 누구나 자신도 알지 못하는 사이에 지금껏 다져 온 믿음이 있다. 자기제한적인 믿음은 일말의 성공을 가져다줄지언정, 삶을 더욱 풍요롭게 만들 수 있는 가능성을 차단한다. 경험을 자유롭게 풀어 두지 않고 자신이 만들어 놓은 틀에 끼워 맞추기 때문이다. 모두에게 비슷하게 반복되는 경험이 있을 것이다. 주변의 사람들과 불화가 잦다거나 늘 일이 나에게만 몰린다거나 비슷한 사기를 여러 번 당한다거나 하는 일 말이다. 이제는 그만 멈추고 싶은 반복되는 경험 아래 어떤 믿음이 오랫동안 다져져 왔는지 들여다볼 때다. 말 한마디, 행동 하나를 바꾸는 것보다 훨씬 근본적인 문제를 발견하게 될 것이다.

사람들은 말한다. 어렸을 때 친구가 진짜 친구고 나이를 먹으면서는 친구 사귀기가 어려워진다고. 반드시 그런 건 아니다. 성장하며 나만의 색깔이 분명해질수록 잘 맞는 친구를 만나기는 더 쉬워진다. 내가 위에서 언급한 특별한 친구를 만난 것도 20대 중반일 때였다. 직장에서도 좋은 친구를 사귀었다. 서른이 넘어서 만나, 깊게 교제한 또 다른 친구는 심지어 아르메니아 태생의 러시아 사람이다. 60세가 넘은 우리 엄마는 여전히 새로운 친구를 사귀곤 하신다. 나는 살아가면서 또 얼마나 많은 사람들을 만나게 될까. 세상은 넓고 사람은 많다. 당신에게 더 많은 친구를 허락해도 된다. 왜곡된 믿음에 속아 내 앞에 펼쳐질 경험의 가능성을 스스로 제한한다면 너무 억울하지 않을까?

나를 보는 새로운 눈

처음 보는 낯선 풍경 앞에서는 매일 익숙하던 삶의 느낌을 벗어날 수 있다는 점에서 여행은 참 매력적이다. 여행 중에는 낯선 감각을 느끼고 평소와는 조금 다른 생각을 하게 된다. 흑백 영화를 보다가 화려한 컬러 영화를 보는 것처럼 세상과 나 자신에게서 더 많은 생기를 발견한다. 하지만 소설가 마르셀 프루스트Marcel Proust에 따르면 그런 경험을 위해 꼭 여행을 떠나야만 하는 건 아니다. "진정한 여행의 발견은 새로운 풍경을 찾는 게 아니라 새로운 눈을 뜨는 것이다." 그의 말대로라면 발견의 본

질은 풍경이 아니라 새로운 눈에 있는 것일 테니까. 그럼 새로운 눈은 어떻게 뜰 수 있을까?

초현실주의 화가 르네 마그리트$^{René Magritte}$는 누가 봐도 파이프인 것을 그려 놓고 그 밑에 '이것은 파이프가 아니다'라고 썼다. 이 그림은 관람객을 당황시켰지만 사물을 다시 생각하게 했고 결국 새로운 것을 보게 했다. '작가가 파이프를 그렸다면 관람객은 파이프를 보아야 한다.' 이것이 작품을 관람할 때 통용되던 믿음이다. 그러나 관람객이 기존의 믿음을 의심 없이 받아들이는 대신 '이게 파이프가 아니면 뭐란 말이지?' 하고 질문을 하게 되는 순간, 파이프가 아니라 파이프의 형태가 그려져 있는 캔버스와 갈색 및 검정색 물감을 보게 된다. 즉 기존의 믿음이 절대적이지 않다는 사실을 알게 되는 것이다.

이제 프루스트와 마그리트의 조언대로 우리의 믿음을 낯설게 바라보자. 거기에 있는 것이 정말 진실일까? 해묵은 믿음을 처음 보는 명제처럼 여기고 이리저리 비틀다 보면 새로운 눈이 열릴 것이다. 진실이라고 굳게 믿어 왔던 자기제한적인 믿음이 불필요해졌다면 결별을 고하라. 자유롭고 행복한 삶에 도움이 되는 새로운 믿음으로 그 자리를 대체하면 그만이다.

새로운 믿음	긍정적 효과
타인에게 사랑받고 인정받지 않아도 나는 소중한 존재야.	항상 애쓰지 않아도 되기에 자유롭고 여유로운 태도로 살 수 있다.
나를 이해해 줄 사람은 반드시 있어.	사람들과 적극적으로 소통할 방법을 찾고 상호이해의 즐거움을 경험한다.
의외로 사람들은 남에게 관심이 없어.	타인과의 비교를 멈출 수 있다.
'열심히'의 기준은 나에게 있어.	나에게 맞는 '적당히'를 알게 된다.
돈을 벌 수 있는 다양한 방법이 있어.	돈을 목적이 아니라 도구로 사용할 수 있다.
사람들이 알아주지 않아도 진심을 다하는 삶을 사는 건 나에게 좋은 거야.	타인의 반응과 상관없이 자신에게 떳떳한 삶을 살 수 있다.
최선을 다하는 건 결과와 상관없이 좋은 일이야.	의미 있는 과정을 경험하고 어떠한 결과도 의연하게 수용할 수 있다.
변하는 건 자연스러워.	변화에 유연하게 대응할 수 있다.
세상은 가능성으로 가득해.	세상에 열린 마음과 태도를 가질 수 있다.

불안 습관에서 벗어나기 힘들 때
- 파워 포즈와 움직임

3부에서 우리는 습관의 중요성과 생각을 바꾸는 것이 뇌를 어떻게 바꾸는지에 대해 충분히 살펴보았다. 하지만 '이미 뇌에 부정적인 신경 회로의 패턴이 단단히 자리 잡고 있는데 어떻게 변화를 시작하라는 거야?'라고 생각했다면, 맞는 말이다. 머릿속에서부터 변화의 문을 열고 나가긴 정말 힘들다. 그런 우리에게 필요한 것은 먼저 몸의 습관을 바꾸는 것이다. 몸의 사소한 움직임을 하나 변화시키는 것으로 마음을 변화시킬 원동력을 얻을 수 있으며, 거대한 변화의 문이 열릴 수 있다. 정말 단순한 자세의 변화만으로!

파워 포즈 취하기

파워 포즈power pose는 사회심리학자 에이미 커디Amy Cuddy가 연구한 개념으로 테드TED 강연에도 소개되어 대중적으로 알려졌다. 사실 별다른 게 아니다. 어깨를 쫙 펴고 허리를 꼿꼿이 세운 다음, 하늘을 향해 두 팔을 뻗거나 편안한 의자에 앉아 두 다리를 책상에 올려놓는 등 우리가 자신감 넘치는 사람의 자세라고 여기는 자세들을 말한다. 파워 포즈의 반대는 로우 포즈low pose인데, 팔짱을 끼거나 어깨를 숙이고 몸을 작게 웅크리거나 시선을 아래로 떨구는 자세를 말한다. 에이미 커디는 이런 자세의 차이가 상대방의 판단에도 영향을 주고, 주요 호르몬 레벨에 영향을 준다는 점을 밝혔다. 당당한 자세를 유지하자. 자신감은 의외로 자세를 따라온다.

무작정 움직이기

운동은 신체뿐만 아니라 정신과 마음의 건강에도 똑같이 중요하다. 심신心身은 뗄 수 없이 얽혀 있다. 외부의 온도 변화로 땀을 흘리는 것과 스스로 몸을 움직여서 내는 땀은 다르다. 후자는 몸의 자율신경 조절 능력을 기르며, 도파민처럼 활력을 주는 화학 물질이 방출되어 불안을 낮춘다. 정형화된 운동이 아니어도 괜찮다. 어떤 식으로든 몸을 움직이고 땀을 내자. 나의 경험에 비추어 보자면 우울증은 꿈쩍도 하지 않는 사람을 아주 많이 좋아한다.

> 몸은 마음을 만들고, 마음은 몸에 스며든다.
>
> — 신경학자 안토니오 다마지오 Antonio Damasio

Part 4

불안한 관계

우리는 태어나서 죽을 때까지 사람들 틈에서 살아간다. 관계에 대한 욕구는 생존 욕구 못지않게 인간의 원초적이고 본능적인 욕구기에, 누구와 어떤 관계를 맺는지에 따라 행복한 삶을 살 수도 있고 불행한 삶을 살 수도 있다. 좋은 관계는 삶이 힘들고 지칠 때 살아갈 수 있는 원동력이자 안전망이 된다. 이런 사회적 동물인 인간에게 정서적 고립감은 극도의 불안과 우울을 불러온다. 하지만 관계는 쉽지 않다. 아무리 조심히 운전해도 언제 사고가 날지 모르는 것처럼 적당한 노력만으로는 좋은 관계를 만들고 유지할 수 없다. 관계는 나와 타인의 역동적인 상호작용으로 만들어지는데, 이 과정에서 나와 타인이 언제나 명확하게 구분되지 않기 때문이다. 너무나 중요하지만 복잡하고 어려운 관계에서 스스로를 어떻게 보호해야 할까?

1

성장 과정에서 만들어진 가면과 그림자

물 위에 떠 있는 아름다운 도시 베네치아는 가면 축제로도 유명해서 도시 곳곳에서 화려한 가면을 내건 상점들을 볼 수 있다. 신분제가 확고하던 중세 시대부터 시작되었다는 이 은밀한 축제에서 사람들은 가면으로 얼굴을 가리고 내면의 억눌린 욕망을 표출했다. 마치 우리나라의 탈춤처럼 사회적 신분으로 비롯된 현실의 한계를 잠시나마 잊는 것이다. 이 오래된 도시의 굽이지는 골목길을 걷다 보면 가면을 쓰고 귀족 행세를 하던 평민들, 체면을 내려놓고 자유로움을 만끽하던 중세 귀족들의 모습이 눈앞에 생생히 그려지는 것만 같다. 하지만 사실 가면은 그리 멀리 있는 것이 아니다. 우리도 이미 가면을 쓰고 있다. 그것도 어쩌면 매일!

나는 가면을 몇 개나 만들었을까

누구나 아이였던 시절이 있다. 그 시절의 우리는 자기표현에 솔직했다. 부모님은 대체로 아이의 욕구에 즉각 반응해 주니, 아이에게 제 욕구보다 먼저 고려해야 할 것은 없었다. 그러나 아이는 타인과 부대껴 자라면서 사회의 규칙을 배운다. 마트에서 장난감을 갖고 싶다고 울고 떼를 쓰는 아이를 떠올려 보자. 아이가 큰소리로 칭얼거리기 시작하자 부모가 눈짓으로 한 차례 경고를 준다. 계속 울어 보지만 부모는 눈 하나 깜짝하지 않고 돌아서 걸어간다. 아이가 얻은 것이라곤 장난감은커녕, 울어 대서 찝찝해진 얼굴과 아픈 목뿐이다. 게다가 사람들의 따가운 시선에 얼굴까지 화르륵 달아오르니 이게 아니구나 싶다. 이런 상황이 몇 차례 반복되면 아이도 학습을 한다. '솔직하게 표현하면 나만 속상해지는구나. 원하는 걸 가질 수 없을 때는 아예 속마음을 드러내지 말아야겠다.' 수치심을 배움과 동시에 욕구를 감추는 아이만의 가면 한 조각을 획득하는 순간이다.

어린아이의 마음은 사랑으로 가득하고 타인에게도 무한한 애정을 기대한다. 순수하기에 가능한 이런 비현실적인 기대는 반드시 좌절하는 경험을 맞이하게 되고, 미성숙하기에 상황을 주도하거나 바꾸는 노련함과 지혜 대신 제한된 전략만을 사용한다. 그것은 바로 상처받기를 의식적으로 피하고자 가면을 쓰는 것이다. 위에서 주위의 시선과 수치심을 배운 아이가 '원하지 않는 척하기'라는 가면을 얻은 것처럼 말이다. 이렇게 학습한 전략은 갈수록 진화를 거듭하여, 성인 무렵 우리는 '상처받지 않(은 척하)기' 달인으로 거듭난다. 그때는 가면을 넘어서 아예 철갑옷을 둘러 입은 상태가 된다. 그렇게 우리는 사회화라고 불리는 과정을 거친다.

그런데 이렇게 상처받지 않으려는 노력은 아이의 성격 형성에도 영향을 미친다. 『미움받을 용기』를 통해 한때 열풍을 일으켰던 심리학자 알프레드 아들러Alfred Adler는 개인의 성격을 '부모의 애정을 차지하기 위해 형제자매간 경쟁하고 갈등하며 일종의 생존 전략으로서 형성된 것'으로 보았다. 실제로 우리 엄마는 두 살 터울의 동생이 태어나고 나서 내 성격이 많이 바뀌었다고 했다. 동생이 더 어리니까 귀여운 것이야 당연하겠지만 엄마 왈, 심지어 객관적으로(?) 더 예뻤단다. 동생에게 빼앗긴 애정에 위기의식을 느꼈던 것일까? 꽤나 장난꾸러기였던 내가 그때부터 부모님의 칭찬 한마디를 듣기 위해 눈치를 보며 얌전해졌다는 것이 엄마의 관찰 결과다(어른이 되어 그 이야기를 들을 때마다 그런 역경을 겪기에 세 살은 너무 어리지 않나 생각한다).

흔히 타고나는 것으로 여겨지는 성격마저 성장하는 과정에서 만들어진 것이라는 아들러의 관찰은 많은 점을 시사한다. 사람들은 자기 자신을 알고 있다고 생각하지만 실제로는 생각만큼 잘 알지 못한다. 우리는 엄마 뱃속에서 나올 때 완성된 조각처럼 나오는 것이 아니었다. 밀가루 반죽처럼 이렇게도 될 수 있고 저렇게도 될 수 있는 가능성의 형태로 태어났다. 사람마다 다르다는 성격조차 외부적 요인으로 인해 구체적인 모양이 만들어지는 거라면, 고유한 나 자신과 후천적으로 만들어진 나 자신의 경계는 몹시 모호하다.

그림자 속으로 감추어 버린 것들

사실 자신이 가면을 쓰고 있다는 사실은 의식하려고만 한다면 충분히 의식할 수 있다. 그러나 아예 수면 아래로 잠겨 의식하기 어려운 영역도 존재한다. 저명한 정신의학자이자 심리학자인 칼 융Carl Gustav Jung은 이를 '그림자'라고 불렀다. 그에 따르면 내가 누구라고 스스로 인식하는 과정에서는 반드시 분리가 일어난다. '내가 누구임을 아는 것'은 '내가 누가 아님을 아는 것'이기 때문이다. 예를 들어, 한 남자아이가 자기가 남자라는 것을 알게 되는 과정은 이렇다. '나는 남자다. 여자가 아니니까. 그리고 아직 어른이 아니니까 나는 아이야.' 우리는 이렇게 주체와 객체라는 이분법적 시각으로 세상을 바라보며 주체성의 기초를 쌓는다.

인간의 성장은 섬처럼 동떨어져 일어나지 않는다. 반드시 하나의 인간을 둘러싼 사회와 문화 속에서 이루어진다. 이후에 아이가 더 자라면 자신의 내부에서도 여러 가지 모습을 분리해 내는데, 그 과정에서 '사회적으로 정당한 것', '문화적으로 용인되는 것', '가족 구성원에 의해서 적합하게 받아들여진 것'에 속하지 못해 탈락되는 모습들이 생긴다. 외톨이가 된 나의 내면 조각들은 전부 어딘가 좀 껄끄럽고 부적합하며 못나고 의심스럽다. 이것들이 곧 우리의 그림자가 된다.

어렸을 때는 '착하다'라는 말이 칭찬인 줄 알았다. 착하다는 얘기를 들으면 기분이 좋고, 더 착한 사람이 되려고 노력도 했다. 하지만 자신에게만은 숨길 수 없는 진실이 있다. 나에게도 착하지 않은 구석이 많이 있었다. 으레 인간이 그러하듯, 나는 어떤 상황에서는 착했지만 어떤 상황에서는 정말 못돼 먹었다. 그래서 착하다는 말에 부합되지 않는 나의 모습들을 어찌 처리해야 할지 몰라 혼란스러웠다. 그리고 사춘기가 지나면서부터는 '착하다'가 좁은 틀처럼 느껴졌다. 내 몸집에 비해 너무나 작아서, 그 안에 들지 못하는 나의 많은 모습들을 도려 내는 작은 틀. 하지만 나서서 그 틀을 부수려 하지 못했다. 나는 착한 사람이니까. 그렇게 대부분을 겉으로는 착한 모범생으로 살아갔지만, 사람들이 나를 그렇게 인식하는 동안 나의 수많은 다른 모습들은 그림자 속으로 멀어졌다.

가면과 그림자가 불안을 일으키는 방법

가면이나 그림자 자체는 가치중립적이다. 자연스러운 사회화 과정에서 나오는 것이기 때문이다. 어떤 면에서는 세련된 문명인으로서 거쳐야만 하는 숙명이기도 하다. 다만 문제는 자신의 가면과 그림자에 대한 이해 없이는 나와의 관계를 잘 맺을 수 없다는 점이다. 작가 프란츠 카프카Franz Kafka는 이에 대해 "모든 문제는 우리가 방에 앉아 자신과 단둘이 마주하려고 하지 않기 때문이다. 가장 먼저 정립해야 하는 관계는 바로 자기 자신과의 관계다"라고 말했다. 내가 나 자신을 잘 모르면 나를 가장 잘 이해해 줄 수 있는 사람을 잃어버리는 게 된다.

심리 연구가 브레네 브라운Brene Brown은 『마음가면』에서 상처받지 않기 위해 쓰는 가면과 그보다 더 강력한 갑옷이 어떻게 우리 자신을 불안하고 외롭게 만드는지 설명한다. 사람에게는 타인과 이어지려는 본능이 있다. 타인과의 관계는 삶의 의미와 목표를 부여하기 때문에 사회와 이어지지 않을 때 우리는 불안하고 고통스럽다. 그런데 성장하는 과정에서 불가피하게 수치심을 겪고 상처를 받으며 만들어진 단단한 가면과 갑옷은 타인과의 진실한 이어짐을 방해한다. 진정한 사랑과 공감은 가면을 내려놓고 상처받을 수 있는 약한 모습, 즉 취약성을 드러낼 때만 가능하다고 저자는 강조한다.

또한 융 심리학의 영향력 있는 해석자인 로버트 존슨[Robert A. Johnson]은 『내 그림자에게 말 걸기』에서 그림자를 의식해야 하는 이유에 대해 설명한다. 많은 이들이 30대 중반부터 조금씩 마음의 변화를 경험한다. 삶이 지루하거나 공허해지며 자아도 세상도 그리 단순하지 않다는 사실을 깨닫고, 인격에는 하나의 층위만 있는 것이 아님을 알아차리게 된다. 저자는 인생 후반기에 자아의 온전한 통합과 영혼의 성숙을 이루기 위해서 반드시 자신이 숨겨 버린 그림자를 밝혀서 대면해야 한다고 조언한다. 거기에 내면의 잠재력을 최대한 발휘할 수 있게 도와줄 비밀이 있다고 말이다.

그러나 가면과 그림자를 만나려면 확실하게 안전이 보장되는 곳을 마련하는 것이 먼저 필요하다. 내가 말하는 안전한 곳이란 전문 상담사나 정신의학과 전문의 등 심리 전문가와 대화할 수 있는 곳이다. 오랜 세월, 숨겨야 했던 나의 속마음을 혼자서 직면하는 것은 두려운 일이다. 아마 자신의 두꺼운 가면을 만지려다 여러 번 헛손질을 할 것이고, 그림자의 심연과 같은 어둠에 뒷걸음질을 반복할지도 모른다. 그러니 한 인간의 내면이 우주만큼 넓고 깊을 수 있음을 이해하는 사람, 인간이라면 누구나 천사 같은 면과 악마 같은 면을 동시에 가질 수 있다는 진실을 인정해 주는 사람, 당신을 판단하고 평가하기보다는 당신이 스스로와 함께 잘 살아가는 여정에 동행해 줄 수 있는 사람을 만나는 것은 큰 도움이 된다.

2

출입 금지!
나를 지키는 경계 세우기

나에게는 '도잡이'라는 별명이 있다. 돌잡이도 드잡이도 아닌 도잡이라 불리는 이유는 내가 서울역이나 강남 같은 번화가에 외출하기만 하면 최소 한 명이 나에게 "기운이 참 좋으셔서요"라며 말을 걸어오기 때문이다. 정말 기운이 좋아서 말을 거는 건지는 모르겠지만 문제는 내가 극도로 거절을 못하는 사람이란 것에 있었다. "죄송해요, 바빠서요." 이 한마디를 뱉지 못해 한참 붙들려 있기를 여러 번이었다. 생판 처음 보는 사람과도 이 모양이니, 조금이라도 안면이 있는 사람에게는 내가 어떻게 굴지 안 봐도 비디오일 거다. 직장이나 학교 혹은 집에서, 대면하든 대면하지 않든 다른 사람과의 부담스럽고 껄끄러운 상황은 부지기수로 발생한다. '부탁'이라는 포장으로 자신의 일을 나에게 떠미는 사람들을 보고 있노라면 내가 만만한가 싶다가도 어느새 내가 그렇게 만만하게 굴었는지를 고민하게 된다. 이러한 막연한 불편함이 오랫동안 지속되면 사회적인 상황 자체가 불안해지고 다른 사람과 진심을 다해 소통하려는 마음 자체가 희미해지고 만다.

타인과 나를 구분 짓는 선

집에 현관문이 없다면 무슨 일이 일어날까? 낯선 사람이 우리 집에 마음대로 발을 내딛길 바라는 사람은 없다. 하지만 그렇다고 문이 아예 없으면 밖으로 나갈 수 없을 거다. 그런 공간은 감옥이나 다름없다. 이렇듯 문의 존재는 소중하다. 세상과 소통하는 데 있어 위험으로부터 나를 보호하고 편안함을 주는 안전 기지로 만드는 것. 우리 마음에도 이러한 문이 필요하다. 타인과 나 사이를 가로지르는 '경계'란 마음의 집을 지켜 주는 문인 셈이다.

그런데 마음의 문인 경계는 모호하고 눈에 보이지 않는다는 이유로 종종 그 필요성과 중요성이 간과된다. 『경계^{Boundaries}』의 저자인 앤 캐서린^{Anne Katherine}은 경계를 두고 "내 온전함을 지킬 수 있는 한계"라고 말했다. 즉 경계가 무너지면 내 존재의 온전함이 타격을 입게 된다는 뜻이다. 내 마음의 잠금 장치가 허술하면 내 의지와 상관없이 다른 사람들이 아무 때나 들이닥쳐서 자기들 멋대로 난장판을 만들어 놓고 떠나 버린다. 내 마음의 주인이 온전히 내가 아닌 상황에 처하게 되는 것이다. 의식적으로 마음의 문을 열고 닫는 데 주의를 기울이지 않으면 이런 일은 아주 쉽게 일어난다.

경계가 무너지기 쉬운 이유는 자아가 형성되는 과정에서 찾을 수 있다. 그 과정을 잘 보여 주는 개념으로 사회학자 찰스 쿨리Charles H. Cooley가 제시한 '거울 자아 이론'이 있다. 이 이론에 따르면 사람의 자아는 개인적이었다가 사회적으로 바뀌는 것이 아니라, 처음부터 타인과의 유기적인 관계 속에서 성장한다. 이때 타인의 존재나 평가는 거울과도 같다. 다른 사람이 마치 거울처럼 우리 자신의 모습을 비춰 주는 것이다. 우리는 다른 사람이 보는 나, 다른 사람이 기대하는 나를 모두 내 모습으로 흡수하게 된다. 이를테면 부모는 명시적으로나 암묵적으로 첫째에게 어린 동생을 이해하고 양보하기를 기대하는데, 첫째는 부모에게 비친 자신의 이상적인 모습(기대)을 자신의 모습으로 받아들여 이해심 많은 성격을 기르게 된다. 나의 단단한 정체성이 어느 정도 만들어지기까지 이와 같은 과정이 수없이 반복된다.

"나에 대한 어떤 진리를 얻기 위해서는 타인을 거쳐야만 한다. 타인은 나의 실존에 필수적이며, 내가 나에 대해 갖게 되는 앎에도 마찬가지로 필수적이다." 사르트르의 말이다. 이처럼 나와 타인 사이의 상호작용은 본래 아주 밀접하며 경계가 모호하다. 타인은 물레고, 나는 그 물레를 돌려서 만든 천이라는 비유로는 그 미묘함의 정도를 표현하기에 모자라다. 더 가깝게 비유해 보자면, 타인은 씨실이고 나는 날실이다. 가로줄과 세로줄처럼 엮여 하나의 천을 만드는 과정을 통해 스스로의 자아를 형성하고 인식한다. 이 역동적인 과정에서 '어디가 씨실이었더라? 어느 쪽을 기준으로 가로줄이었더라?!' 하고 마음의 문인 경계는 점차 흐릿해지기 쉽다.

무너진 경계를 인식하기

관계의 불안을 다스리기 위해 먼저 충분히 세워지지 않은 경계나 무너진 경계를 알아차려야 한다. 여기에 내 마음의 문이 잘 세워져 있는지 아닌지를 알 수 있는 아주 간단하고도 확실한 방법이 있다. 바로 앞서 나처럼 상대방의 부탁을 거절할 수 있는 능력이 있는지 없는지를 판단해 보는 거다. 경계가 없거나 헐거운 사람들은 대체로 좀처럼 거절을 못한다. 그들은 거절을 잘 못하다 보니 늘 많은 짐을 떠안게 되고, 점차 내 관심사가 아닌 다른 사람의 관심사를 돌보게 된다. 따라서 다른 사람의 부탁을 습관적으로 들어주려는 순간, 내 마음의 집에 앉아 있는 나 자신이 편안한지 돌아봐야 한다.

모든 부탁이나 요청을 거절하라는 것이 아니다. 그저 내키지 않는 것은 거절할 수 있어야 한다. 미안해하며 진땀 흘릴 것 없이 그저 담백하게 '이러한 이유 때문에 어렵네요. 죄송합니다'라고 말하면 끝이다. 특히 가족이라는 관계 안에서는 거절이 쉽지 않은데, 가족은 사랑이라는 이름으로 서로에게 은연중에 많은 기대를 주고받기 때문이다. '가족이니까 이해해야지', '가족이니까 내가 참아야지.' 이런 생각은 마음의 문인 경계를 점차 허물다가 어느새 타인이 나의 고유한 영역까지 침범하게 만든다. 예를 들어, 고부갈등은 근본적으로 권위를 앞세워 타인의 경계를 침범하는 데서 비롯된 문제다. 아무리 시부모님의 요청이라도 편안하게 거절할 수 있는 환경이라면 심각한 갈등 상황까지 이를 리가 만무하다.

사회에서도 마찬가지다. 아무리 상사의 요청이라도 '상사의 지시니까 다 따라야지', '회사 일이니까 내가 다 참아야지' 하다가는 문제를 키운다. 회사라는 집단의 입장과 나의 입장은 다르기 때문에 충돌하는 지점이 생길 수밖에 없다. 그런 환경에서 늘 참는 전략만 구사하다가는 비자발적 워커홀릭이 되거나 번아웃으로 몸과 마음이 고장 나고 말 것이다.

거절을 잘 못하는 사람들에게 가장 억울한 점은 (거절했음에도 강요당하는 상황을 제외하고) 누구도 그런 희생을 강요한 적이 없다는 것이다. 다시 말해 경계를 세우고 지켜야 하는 것은 나 자신이다. 타인의 태도에 기분이 상하거나 다른 사람의 요구를 들어주기 벅차게 될 때는 내 마음의 경계를 점검해 보자. '누군가가 ~하면, 나는 ~을 한다'라는 것을 나의 경계 보호 지침으로 삼아 일관적인 태도를 보여 주자.

누군가가 ~하면	나는 ~라고 한다
선을 넘는 말/행동을 하면	"그런 말씀/행동은 불편하네요. 주의해 주셨으면 합니다."
반복적으로 약속을 지키지 않으면	"다음번에는 약속을 꼭 지켜 주세요. 또 어기시면 앞으로는 함께할 수 없을 것 같습니다."
무리한 부탁을 계속한다면	"그건 무리예요."
지속적으로 교묘하게 비난(가스라이팅)한다면	문답무용. 그 사람과의 관계를 단호하게 정리하자.

소통은 안전한 울타리 안에서

같은 맥락에서 경계를 지키며 소통하는 첫 번째 방법은 '잘 거절하기'다. 거절에도 연습이 필요하다. 아주 작고 사소한 거절을 해 보면서 거절하는 능력을 키워 보자. 개인적으로는 다양한 거절의 방법이 있다는 것을 아는 것만으로도 잘 거절하는 데 많은 도움이 되었다. 임상심리학자인 채드 르쥔느^{Chad Lejeune}의 『마음의 병 불안·걱정 치유법』에 등장하는 몇 가지 방법을 소개한다.

· 도움을 주는 거절: "내가 도와주긴 힘들겠지만 이렇게 하는 것은 어때?"

· 부분 선택식 거절: "이건 할 수 있어. 하지만 저건 곤란해"

· 선의를 드러내는 거절: "돕고 싶은 마음이야 굴뚝같지만, 이번엔 정말 어려울 것 같아."

· 완곡한 거절(주로 권력을 지닌 이에게): "제가 지금 너무 바빠서요, 지시하신 사항들 중 가장 우선적으로 해야 하는 것부터 알려주시겠어요?"

경계를 지키며 소통하는 두 번째 방법은 '잘 요청하기'다. 거절하는 것만큼 요청하는 것도 중요하다. 거절이 내가 원하지 않음을 밝히는 방법이라면 요청은 내가 원함을 밝히는 방법이다. 많은 경우, 인간관계의 갈등은 자기가 원하는 것을 분명히 알리지도 않고 남이 알아주기를 바라는 데서 온다. 이런 막연한 기대를 바탕으로 하는 행동은 상대방의 경계를 존중하는 행동이 아니다. 내 마음을 가장 잘 아는 것은 주인인 나 자신뿐이다. 말하지 않아도 다른 사람이 내 마음을 알아줄 방법은 없다.

상대방의 경계를 존중하며 나의 경계도 지키는 바람직한 대화법의 좋은 예가 있다. 심리학자 마셜 로젠버그Marshall Rosenberg가 제안한 비폭력 대화법이다. 아래의 3단계를 유의하며 갈등이 있는 상황에 적용해 보자.

1단계: "X가 일어났을 때"
 → 사실만을 말하고 판단을 말하지 않도록 주의한다.

2단계: "나는 Y라고 느꼈는데"
 → 마음 깊은 곳의 솔직한 감정을 전달하도록 한다.

3단계: "그건 Z를 원하기 때문이야"
 → 진정으로 바라는 것에 대해서 솔직하게 표현한다.

경계를 세우는 것은 이기적인 행동이 아니다. 오히려 서로 성숙하고 건강한 소통을 위한 준비 운동이다. 경계가 없는 사람들은 종종 다른 사람의 경계도 존중하지 않으니 말이다. 서양에서는 자기 신체 주변에 일정 공간을 심리적으로 자신의 공간이라 여기는 문화가 있다. 그 공간을 일컬어 '퍼스널 스페이스personal space'라고 한다. 따라서 좁은 공간에서도 어느 정도 거리를 두고 걷고, 실수로 부딪치게 되면 누가 먼저라 할 것도 없이 상대의 영역을 침범한 데 대해 바로 사과한다. 눈에 보이지는 않지만 침범해서는 안 되는 상대의 경계선, 침범당해서는 안 되는 나의 경계선을 의식하자. 서로의 물리적·심리적 경계선을 지켜 주는 것은 서로가 서로에게 할 수 있는 최선의 존중이다.

3

발목을 붙잡는 기억에서
벗어날 수 있을까

누구에게나 지우고 싶은 기억이 있다. 베개를 수차례 내리칠 만큼 철없던 시절의 치기 어린 행동부터 가슴 아픈 이별과 상처, 함부로 다룰 수조차 없는 무거운 트라우마까지. 각자의 발목을 붙잡고 놓아주지 않는 기억의 조각들이 있다. 우리는 과거에 사람들이 했던 말, 그들이 주었던 상처, 그들에게 받았던 평가에서 쉽사리 벗어나지 못한다. 그럴 때 우리는 기억 속에서 과거의 인물과 동일한 상호작용을 반복하는 셈이다. 심지어 그 사람이 현재 나에게 아무런 영향을 주지 못할 때도 머릿속에서 그 사람과 과거의 씨름을 되풀이한다. 이러한 부정적인 상호작용을 끊기 위해서는 기억의 속성을 파악해야 한다.

기억의 재료는 믿을 만하지 않다

우리는 눈으로 본 정보를 객관적이라고 생각해서 '풍경을 눈에 담는다'라는 말처럼 무언가를 본다고 하면 카메라가 사진을 찰칵 찍는 이미지를 떠올린다. 누가, 언제 꺼내 보아도 동일한 하나의 사진 말이다. 하지만 실제는 그렇지 않다. 10명의 사람이 있다면 같은 장소에서 같은 것을 보고도 10개의 다른 해석이 생긴다. 예를 들어, 칠판 앞에 서서 강의를 하던 선생님의 표정이 갑자기 어두워졌다고 하자. 한 학생은 '오늘따라 몸이 안 좋아 보이시는 선생님'을 본다. 옆에서 잠깐 졸다가 깬 다른 학생은 '나 때문에 화가 나신 선생님'을 본다. 이렇듯 무엇을 보는 일은 눈이 혼자서 하는 일이 아니다. 눈과 뇌가 동시에 협력해서 하는 일이다. 그래서 다른 뇌를 가지고 있는 사람들은 동일한 것을 두고도 저마다 제각각의 것을 보게 된다.

게다가 인간이 정보를 인식하는 능력은 정보의 양에 비해 극히 제한적이다. 우선 눈을 통해 인식되는 정보 자체가 그렇다. 작고 평평한 망막은 여러 가지 일이 동시에 벌어지는 3차원 세상의 모든 것을 똑같은 수준의 정확도로 인식할 수 없다. 망막의 중심부를 통해 보는 풍경은 화질이 높지만 주변부를 통해 보는 풍경의 화질은 떨어지기 때문이다. 그래서 뇌는 더 중요해 보이는 정보를 판단해 그것을 잘 받아들이기 위해 망막 중심부의 초점을 이동시킨다. 이때 초점은 1초에 3번 꼴로 움직이며 선별된 정보를 선택적으로 받아들인다.

이뿐만이 아니다. 뇌는 외부에서 받아들인 제한된 정보를 뇌 내부에 있는 기억과 인지 처리 시스템을 이용해서 재구성한다. 우리가 보고 있는 것의 대부분은 우리의 뇌가 자체적으로 편집하여 보여 주는 화면이다. 다시 말해 원본이 아니라 이미 있는 것들에 의해 '처리된' 정보다. 때문에 어떤 이들은 모든 것이 우리 내부에서만 존재한다고 말하기도 하는데, 뇌가 세상을 인식하는 과정을 자세히 살펴보면 어떤 면에서는 정말 그렇다고 할 수 있다. 우리가 받아들이는 외부의 시각 정보 자체도 제한적인데, 그렇게 받아들인 정보조차 인식하는 즉시 기존의 기억과 인지 처리 시스템으로 작업되기 때문이다. 제한된 인식 능력을 극복하는 뇌의 독특한 전략 때문에 우리는 같은 상황에서도 각기 다른 현실을 인식하게 된다.

기억은 매번 새롭게 만들어진다

'본다는 것'을 객관적인 사진을 본다고 착각하는 것처럼 기억에 대해서도 흔히 하는 비슷한 오해가 있다. 기억이 마치 컴퓨터

하드 드라이브에 파일이 저장되듯 우리 뇌에 기록된다고 생각하는 것이다. 더욱이 기억을 떠올릴 때는 가상의 '컨트롤+O'를 눌러서 자료가 마지막으로 저장된 모습 그대로 불러와진다고 생각한다. 하지만 이것은 사실이 아니다. 뇌는 모든 기억을 주된 장면 위주로만 기억하고, 세부적인 정보는 날려 버리는 방식을 택한다. 세부적인 내용까지 떠올려야 할 때는 관련된 다른 기억이나 현재의 느낌 등으로 재구성해 보충한다. 다시 말해, 기억은 떠올릴 때마다 새롭게 다시 만들어진다.

누군가와 갈등하던 때를 떠올려 보라. "그래서 왜 화가 났던 건데?"라고 묻길래, 그때 상황을 이야기해 줬더니, "내가 그랬다고?"라며 의아한 눈빛을 받아 본 경험이 있지 않은가? 기억 자체부터가 서로 달랐던 것이다. 이처럼 사람은 각자 자기만의 방식대로 편집된 현실을 기억한다. 과거에 현재나 미래가 발목 잡히기에는, 기억은 이처럼 처음부터 객관적이지도 않고 변함없이 보존되는 것도 아니다. 그럼 기억을 떠올릴 때 뇌에서는 정확히 어떤 일이 일어날까?

단적으로 말하자면 기억을 떠올릴 때마다 뇌에서는 새로운 신경 회로의 패턴이 형성된다. 특히 기억을 떠올리는 그 순간에 느끼고 있는 감정이 있다면, 이 감정은 새로운 기억 패턴 위에 자동적으로 덧씌워진다. 그래서 부정적인 생각이나 느낌을 가지고 특정 기억을 떠올리면, 그 기억은 점점 안 좋은 기억으로 바꾸고 만다.

또한 매일매일 발생하는 '단기 기억'을 오래도록 기억되는 '장기 기억'으로 바꾸는 신체 부위인 해마는 감정이 실렸을 경우 그것을 더 쉽게 장기 기억으로 옮긴다. 그래서 부정적인 감정에 휩싸여 있을 때는 지나온 인생이 온통 어둡고 힘든 일로만 가득했던 것처럼 느껴진다. 지금의 힘든 감정이 해마의 장기 기억 저장 버튼이 눌리게끔 자극했기 때문이다. 우울증을 앓는 사람이 행복했던 순간의 기억 대신, 슬펐던 순간만을 기가 막히게 떠올리는 것도 이러한 원리다. 이처럼 현재의 우울한 기분은 과거 기억에 더 어둡고 슬픈 색깔을 덧칠한다. 그런데 반대로 긍정적인 생각과 느낌을 가진 채로 과거의 나쁜 기억을 떠올리면 나쁜 기억은 점점 그 힘을 잃게 된다. 부정적인 감정이 칠해진 기억이 당신의 뇌를 부정적으로 바꾸지 않도록 의식해야 하는 이유다.

기억으로부터 자유로워지기

한 사람이 살면서 겪는 기억은 그만의 정체성을 발달시키는 데 많은 기여를 한다. 그러나 기억은 우리를 과거에 묶어 두는 덫이 되기도 한다. 실패한 경험은 '나는 무엇을 못하는 사람'이라고 스스로의 가능성과 능력을 제한하고, 트라우마는 아예 인생 전체를 옭아매기도 한다.

어렸을 때부터 부모의 불화에 무방비하게 노출되어 사랑에 회의적인 사람들이 있는가 하면, 따돌림을 당한 기억으로 관계에 집착하는 이들도 있다. 가난이라는 기억을 가지고 있는 이들 가운데 일부도 이 기억에 갇혀 평생 가난한 삶을 벗어날 기회를 만나지 못한다. 각고의 노력으로 부를 이뤄 내었다 하더라도, 그가 현재에도 부의 많고 적음으로 세상을 판단하거나 돈이 자신을 높여 주고 지켜 주리라 믿는다면 여전히 그의 과거가 현재의 생각에 영향을 미치는 것이다. 이렇듯 과거의 기억은 현재의 삶을 구성하는 재료로 쓰인다. 뇌과학자인 제럴드 에델먼^{Gerald Edelman} 교수는 이러한 점에서 우리가 감각하는 현재를 '기억된 현재'라고 불렀다. 앞에서 말한 내용을 종합해 정리하자면 안 좋은 기억이 지금의 내 기분을 망치고, 나빠진 기분이 안 좋았던 기억을 더욱 끔찍하게 만든다는 건데, 그럼 이 악순환의 족쇄를 어디서부터 끊어야 할까?

당신에게 중학생 때 따돌림으로 긴 터널을 지난 기억이 있었다고 가정해 보자. 그 이후로 많은 시간이 지났지만, 여전히 당신은 자신이 소외되는 상황에 놓이면 불안해지고 만다. 오늘 낮에 회사에서 앞자리 직원 2명이 귓속말을 주고받았다. 무슨 말이었는지 모르지만, 괜스레 과거의 경험이 떠올라 급격히 기분이 다운되는 당신. 이때! 당신이 해야 할 첫 번째 행동은 최대한 현재의 내 감정을 긍정적으로 만드는 것이다. 당장 자리에서 일어나 잠깐 자리를 뜨자. 그리고 신경을 돌릴 수 있는 모든 것에 열심히 집중해 보자. 고양이 영상을 찾아서 틀어도 좋고, 소몰이 창법이 휘몰아치는 노래를 들어도 좋다. 딱 3분만 그것에 집중하자.

그렇게 감정 롤러코스터에서 내린 다음, 현재 당신의 긍정적인 상황을 떠올리는 거다. '그때는 힘들었지. 지금은 나에게 ○○○라는 친구가 있어.' 이렇게 담담히 과거와 지금의 차이를 생각해 내자. 지금 이 순간에 당신 옆에 함께하는 친구와의 소중한 시간들을 한두 가지만 더 떠올리자. 당신의 발목을 붙잡던 어두웠던 과거의 힘이 점점 약해짐을 느낄 것이다. 당신의 오늘은 어제를 딛고 일어설 수 있다. 이처럼 기억의 작동 방식을 알면 과거로부터 자유로워질 수 있는 가능성을 발견하게 된다.

우리는 기억의 강력한 힘을 경험적으로 알고 있다. 누군가의 품에서 아무 걱정 없이 따뜻하고 행복했던 기억, 트라우마로 남아 지우고 싶은 기억. 기억의 힘은 어느 방향으로든 크고 강력하다. 하지만 기억의 목표는 당신을 과거에 붙잡아 두는 것이 아니다. 좋은 것이든 나쁜 것이든 기억은 이미 지나간 것이다. 지금 여기에 있지 않다는 뜻이다. 기억을 모두 지워 버리거나 기억 상실증에 걸린 듯 살자는 말이 아니다. 우리 뇌에는 강력한 기억이 현재의 삶을 지배하지 않도록 막을 수 있는 능력이 있다.

4

다시 한번 일어나게 만드는
공감과 회복 탄력성

헬렌 켈러는 "밝은 곳에서 혼자 걷느니 어두운 곳에서 친구와 걷겠다"라고 말했다. 그의 말대로 우리와 건강한 관계에 놓인 사람들은 우리에게 강력한 마음의 지지대가 되어 준다. 어려운 상황을 맞이해도 혼자가 아니라 누군가와 함께 있다는 느낌, 즉 공감의 느낌이 있으면 우리는 고난을 이겨 낼 수 있다. 다만 주의해야 할 점은 살면서 갖는 모든 관계가 긍정적인 결과를 가져오지는 않는다는 것이다. 내가 모든 사람을 다 이해할 수 없듯이 그들도 나를 이해하지 못할 수도 있다. 그럼에도 우리는 계속 나와 공감해 줄 사람을 찾는다. 이해받고 싶은 욕구, 그것은 우리의 본능이다.

지구에서 가장 공감 능력이 높은 동물 _____

익히 알려져 있는 것처럼 인간은 사회적 동물이다. 진화의 역사 또한 이 사실을 뒷받침한다. 지난 1억 5천만 년에 걸쳐 이루어진 진화의 과정에서 인간의 뇌가 다른 동물들과 가장 구별되는 지점을 하나 꼽자면 역시 '사회성의 발달'이다. 인간의 뇌는 사회적·정서적·언어적 개념 처리에서 독보적인 능력을 보이기 때문이다. 인간은 다른 대형 유인원보다 훨씬 많은 방추상 세포를 뇌에 가지고 있는데, 이 세포는 감정의 이입과 전염을 관장해 우리를 다른 어떤 동물보다 공감 능력이 높은 동물로 만들어 준다. 성년인 침팬지가 두 살짜리 인간 아이보다 인지 능력이 뛰어날지 몰라도 관계적 지식과 활동은 두 살 아이가 훨씬 뛰어나다.

인간의 뇌는 지난 300만 년 동안 세 배로 커졌는데 그 상당 부분은 대인 관계 기술, 공감, 협동과 관련되어 있다. 무리를 지어 서로 돕는 것이 생존 확률을 높여 주었기 때문이다. 이렇게 공감을 비롯한 사회적 능력은 진화 과정에서 인간 종의 DNA에 콕콕 박히게 되었다. 신경과학자이자 심리학자인 코졸리노^{Louis Cozolino}는 뇌의 이러한 면에 주목하여 우리 뇌를 '사회적 기관'이라고 정의했다. 뇌가 사회적 관계 속에서 발달하고 기능한다는 뜻이다. 인간의 뇌는 생존을 위한 일을 하면서 덤으로 공감도 하는 게 아니라 애초에 잘 공감하기 위해 진화했다. 늘 다른 사람들과 연결되어 있음을 느끼고 싶어 하는 것은 뇌의 입장에서는 본능인 셈이다.

그런데 사회적 상호작용은 뇌 회로를 형성하고 신경전달 물질을 분비할 뿐만 아니라 심지어 물리적으로 느끼는 통증에도 영향을 준다. 차가운 얼음물에 발을 담그고 통증을 참는 실험에서 혼자 고통을 참는 참가자군과 친구와 함께 고통을 참는 참가자군으로 피실험자를 나누었더니, 친구와 함께한 참가자들이 혼자인 참가자보다 고통을 덜 호소한다는 사실을 발견했다. 게다가 전혀 모르는 사람일지라도 피실험자를 응원해 주거나 말없이 곁에 있기만 해도 혼자 있는 사람보다 훨씬 적은 통증을 느꼈다.

반대로 거부당하거나 따돌림당하면 뇌는 신체적 통증과 동일한 신경 회로를 활성화한다. 한 실험에서 참가자에게 컴퓨터 그래픽 장비로 가상의 공 던지기 게임을 할 것을 요청했다. 게임은 총 3명이서 공을 주고받는 간단한 형식이었는데, 참가자는 화면 속 두 플레이어 역시 사람이라고 들었으나 실은 컴퓨터 프로그램이었다. 게임 초반에는 셋이 골고루 공을 주고받았지만 실험 설계에 따라 점차 가상의 플레이어들이 참가자를 무시하고 자기들끼리만 공을 주고받기 시작했다. 그러자 참가자는 따돌림당하는 불쾌한 기분을 느꼈고 이때 신체적인 통증을 겪을 때와 동일한 뇌 부위가 반응했다. 사회적 따돌림은 말 그대로 우리에게 고통스러운 경험인 것이다.

사람을 살리고 세상을 바꾸는
공감의 힘

대니얼 시겔 정신의학과 교수는 "공감이란 '다른 사람이 느꼈던 것을 느끼는 것'이며, 우리는 누군가 우리를 느끼고 있음을 느끼고 싶어 한다"라고 말했다. 공감의 정의를 정확히 알지 못하는 어린아이조차 공감받는 느낌은 본능적으로 안다. 한 번쯤 힘든 일로 마음이 무거울 때 누군가에게 그 이야기를 털어놓고 공감받는다는 느낌을 경험해 본 적이 있을 것이다. 공감하고 공감받는 순간 그들 사이에는 강력한 에너지가 오간다. 그 에너지는 때로 삶을 포기하기 직전까지 갔던 사람이 다시금 삶을 사랑할 용기를 낼 만큼 강력한 힘이 된다. 친밀한 관계를 경험할 때 우리 몸에는 '사랑의 호르몬'이라고 불리는 옥시토신oxytocin과 행복 호르몬인 세로토닌이 생성된다. 그러므로, 진실된 우정을 나누는 행위 또한 유아기 때의 헌신적인 돌봄을 받는 것과 마찬가지로 안정감을 주는 효과가 있다. 공감은 인간이 할 수 있는 가장 아름다운 일이면서 또한 가장 인간다운 일인 것이다.

모든 의미 있는 인간관계에는 공감이 있다. 공감에 기반한 사회적 관계는 정서적으로 긍정적인 영향을 줄 뿐만 아니라, 뇌의 신경 회로를 변화시킨다. 그러니 감정을 이해하고 공감의 언어로 소통하는 것을 감상적인 행위로 치부하고 무시하면 안 된다. 더군다나 공감을 경험한 사람은 다른 사람에게도 공감을 전할 수 있다. 연구에 따르면 공감을 경험해 본 사람일수록 이타주의적 행동을 많이 하게 된다고 한다. 씨를 뿌려 화단을 가꾸듯 공감의 말 한마디가 여기저기 심어져 세상을 더 따뜻하고 좋은 곳으로 바꿀 수 있다. 아래에 공감을 일으키는 작은 방법들을 소개한다.

> · 다른 사람의 말이 끝날 때까지 중간에 끼어들지 않기
> · 상대의 제스처 등 비언어적 표현에도 주의 기울이기
> · 나와 다른 의견이라도 그 의견의 흐름을 이해해 보기
> · 상대의 생각과 살아온 삶을 이해하기 위한 질문하기
> · 내가 그 사람의 삶을 살고 있다고 상상하기

회복 탄력성이라는 마음 에어백

최근 마음챙김이나 자기 돌봄과 더불어 자주 등장하는 단어가 있다. 바로 '회복 탄력성'이다. 회복 탄력성이란 삶의 고난이나 어려움을 겪고도 다시 튀어 오르는 고무공처럼 회복하는 능력을 말한다. 웬만한 일에도 오뚝이처럼 잘 일어나는 사람들에게 회복 탄력성 테스트를 진행해 보면 점수가 높은 경우가 많다. 그런 성향은 타고나는 것인가 싶겠지만 회복 탄력성의 유전적 요인은 30%고 나머지 70%는 후천적으로 길러진다. 회복 탄력성을 기르는 방법으로는 우리에게 격려와 응원을 기꺼이 보내주는 친구나 가족 등 타인과 긍정적인 관계를 가꾸는 것, 그리고 자아 성찰이나 심리 상담 또는 종교 등을 통해 나와의 관계를 돌아보는 것이 있다.

건강한 관계를 맺는 것은 우리에게 이렇게나 중요하지만 어린 시절 부적절한 양육 환경을 경험했거나 충분한 공감의 경험이 부족하면 이후에 올바른 관계를 맺는 데 어려움을 겪게 된다. 그래서 건강한 애착 관계를 잘 형성하지 못했을 경우 성인이 되어서도 회복 탄력성이 약할 가능성이 크다. 하지만 좌절하기에는 아직 이르다. 지금의 우리에게는 어린 시절에 가지지 못했던 많은 자원이 있다.

첫째로 경험이라는 자원이 있다. 우리는 무수히 많은 경험을 통해 자기 인식 능력이 발달되어 있다. 내가 어떤 사람인지, 무엇으로 힘을 얻고 잃는지 알고 있다. 이를 바탕으로 우리는 회복 탄력성을 효과적으로 기를 수 있다. 둘째로 우리는 사회적 연결을 위한 능력과 자원을 갖추고 있다. 어린 시절에는 가정이 세상의 전부였다면 지금 우리의 세계는 훨씬 더 넓어졌다. 필요하다면 부정적인 관계를 정리할 수도 있고, 도움을 줄 만한 사람을 적극적으로 찾아 나설 수도 있다. 또한 우리에게 도움을 주기 위해 오랜 기간 전문적으로 훈련한 사람들이 있다는 사실을 잊지 말자.

불안으로 마음이 힘들 때 나를 둘러싼 관계가 회복 탄력성을 높이고 있는지 낮추고 있는지 살펴보자. 오늘 하루, 긍정적인 사람과 긍정적인 대화를 하며 보낸 시간이 얼마나 길었나? 무엇으로부터 혹은 누구로부터 에너지와 위안을 얻고 있는가? 에너지를 쓰는 시간과 얻는 시간의 균형은 잘 맞는가? 공감의 언어를 사용함으로써 다른 사람들에게 공감의 에너지를 보내고 있는가? 바쁜 하루 중에 마음의 여유를 가지고 편안히 쉬는 시간을 잠깐이라도 가졌는가? 하루의 마무리에 스스로를 잘 다독이고 돌보았는가? 당신의 대답이 단호한 'yes'이기를!

5

정말로 사랑한다면

통계청 자료에 따르면 2020년 혼인 건수는 1970년 국내 혼인 통계 작성 이래 가장 적은 수치를 기록했다. 반면 이혼율은 아시아 1위, OECD 회원국 중 9위에 달한다. 이혼 사유로 가장 많이 언급된다는 '성격 차이'라는 네 글자에 실제로는 얼마나 많은 이야기가 들어 있을지 짐작조차 어렵다. 가장 적게 결혼하고 가장 많이 이혼하는 지금 시대의 실상을 보여 주는 이 통계는 좋은 관계가 얼마나 어려운 숙제인지를 실감하게 한다. 성장 소설 『톰 소여의 모험』과 다수의 명언으로 유명한 작가 마크 트웨인^{Mark Twain}은 이렇게 말했다. "사랑은 가장 빠른 것 같지만 모든 성장 중 가장 느리다. 결혼 후 25년이 지나기 전까지 어떤 남자나 어떤 여자도 완벽한 사랑이 무엇인지 알지 못한다."

관계의 출발점은 자기 자신이다 _____

인생에서 가장 중요한 관계는 무엇일까? 부모 자식? 친구?
배우자? 우리는 살면서 무수히 많은 인연을 맺으며 살아간다.
인생의 한 시기에 맺어져 평생 강한 영향을 미치는 관계일지라
도 때가 되면 멀어지거나 떠나가기도 한다. 하지만 태어나서 죽
을 때까지 절대 떠날 수도 없고, 한시도 벗어날 수 없는 사람이
있다. 그것은 바로 나 자신이다. 그 까닭에 명상가 루이스 헤이
Louise L. Hay 는 인생에서 가장 중요한 관계는 자기 자신과의 관계
라고 했다.

나 자신과 어떤 관계를 맺는지는 다른 모든 관계의 기초가
된다. 자기 자신을 인정하지 못하는 사람은 늘 다른 사람에게서
인정을 구하고, 그것이 채워지지 않으면 그 관계가 문제라고 인
식한다. 또한 스스로를 채찍질하고 감싸 안지 못하는 사람은 다
른 사람에게도 채찍을 휘두르며 그 관계에 문제를 일으킨다. 공
황을 겪으며 깨닫게 된 중요한 사실이 하나 있다. 나는 나 자신
과의 관계가 단절되어 있었다. 다른 사람들과 좋은 관계를 맺기
위해 애쓰고 살았으면서 정작 나 자신과의 관계에서는 아무런

노력도 하지 않았다.

나 자신을 사랑한다는 것이 무엇인지 알고 공황을 극복하기 위해 습관으로 들인 일이 있다. 상담심리학자 샤우나 샤피로 Shauna Shapiro의 『뇌를 재설계하는 자기연민 수행 마음챙김』에서 배운 마음챙김 수행법이다. 매일 아침, 나는 정신이 들자마자 비몽사몽한 상태로 왼쪽 가슴에 손을 얹고 심장 박동을 느끼며 말한다. "안녕, 보영아. 오늘도 사랑한다." 처음에는 좀 민망했는데 하다 보니 금방 익숙해졌다. 매일 아침 나를 반겨 주고, 사랑한다는 말과 함께 하루를 시작하는 이 작은 습관의 힘은 엄청나다. 내 머리 위에 부어 줄 애정의 수도꼭지를 밖에서 찾으면 나에게 애정을 길어 나르는 데 품이 참 많이 든다. 우선 수맥을 찾아 수도관을 건설해야 하고, 양동이가 가득 찰 때까지 기다려야 한다. 하지만 수도꼭지가 내 안에 있다면 그저 돌려서 열기만 하면 된다. 아침마다 내 안에 쏟아지는 애정은 하루를 힘차게 살아갈 새로운 에너지가 된다. 나 자신과의 관계는 이렇게 손쉽게 바꿀 수 있다.

반면에 우리는 세상을 바꿀 수 없다. 타인을 내 입맛대로 바꿀 수 없다. 인생을 내 뜻대로만 살 수도 없다. 원하는 것을 다 얻을 수는 없다. 행복만 취하고 불안과 고통을 요리조리 피해 갈 수 있는 사람은 없다. 다만 신은 우리에게 선물을 주었다. 나 자신을 사랑하기로 선택할 수 있는 능력. 두려움은 밖으로부터 오지만 사랑은 안에서부터 일어난다. 우리는 지금 당장 나 자신을 사랑하기로 선택할 수 있다. 나 자신을 사랑하면 생각보다 많은 것이 바뀐다.

사랑도 연습이 되나요?

『사랑의 기술』에는 사랑에 대한 흔한 오해들이 등장한다. 사람들은 마치 백화점에서 좋은 물건을 고르듯, 사랑할 만한 적당한 대상을 찾기만 하면 쉽게 사랑할 수 있을 거라 착각한다. 또한 순간적인 강렬한 감정과 함께 수동적으로 사랑에 빠지는 것이라 생각하기에, 어떻게 사랑 안에 능동적으로 '머물' 수 있을지에 대해서는 깊이 생각하지 않는다. 사랑만큼 매번 엄청난 기대와 희망을 가지고 시작했다가 자주 실패하는 것이 또 없는데, 사람들은 사랑의 실패로부터 배우려 하지 않는다. 그 와중에 사회적 성공이나 명예, 돈, 권력을 얻기 위해 모든 에너지를 쓰기 바빠 진정한 사랑이 무엇인지 알고자 노력하지 않는다. 그러한 사람들에게 저자 에리히 프롬은 사랑은 본능이 아니라 능력이며, 갈고 닦아야 하는 기술이라고 일갈한다. 운동 선수가 반복된 훈련으로 기술을 익히는 것처럼 사랑도 주도적인 연습이 필요하다. 자기 자신을 사랑하는 것도 어렵지만, 다른 사람을 진정 사랑하기 위해서는 두 존재가 하나로 합쳐지면서도 동시에 온전한 둘로 남아 있는 역설적인 상태여야 하기 때문에 이 일에는 상당한 인격적 성숙이 요구된다.

우리는 가족으로 시작해 점차 다양한 관계 속에 놓이며 타인에게 사랑을 주는 능력을 배워 나간다. 연애와 우정을 통해 사랑이라는 행위에 적극적으로 참여하게 되고, 그 과정에서 타인에게 깊은 관심을 갖고 마음을 돌보면서 책임감과 존중하는 법을 터득한다. 세상에는 글로 절대 배울 수 없는 것들이 많은데 그중에서도 사랑이 정말 그렇다. 머릿속으로 아무리 완벽한 사랑을 섭렵했어도 현실에서 처음 맺는 관계는 누구나 어설프기 짝이 없다.

미디어 속의 '낭만적인 사랑'이라는 환상에 빠져서 혹은 일명 '먹고사니즘'에 치이느라 현대인에게는 진정한 사랑이 사치가 된 듯하다. 그래서일까, 인격장애에 해당하는 '나르시시스트narcissist'라는 용어가 요즘에는 좀 재수 없는 이기주의자 정도로 쓰이는 것이 자주 보인다. 하지만 나르시시스트의 자기애는 진정한 의미의 사랑이라고 할 수 없다. 그는 한 번도 사랑이라는 적극적인 행위에 주체로서 참여한 적이 없다. 이는 유아기에 나와 엄마가 잘 구별되지 않는 상태에 머무는 것과 비슷하다. 이기적인 사람은 아직 사랑의 능력이 부족한 유아적이고 퇴행적인 사람에 불과하다.

우리가 내딛을 사랑의 첫걸음

좋아하는 사람이 생기면 가까워지려고 노력하지만, 역설적으로 우리는 가장 가까운 관계에서 가장 큰 상처를 받는다. 대체로 처음 만난 사람에게는 별다른 기대를 하지 않지만, 단지 오래 알고 지냈다는 이유만으로 가까운 사람에게는 너무나 큰 기대를 품는다. 상대가 어떻게 행동할 것이라는 기대, 나를 어떻게 생각해 주었으면 좋겠다는 기대, 말하지 않아도 내 마음을 알아주길 바라는 기대. 그러나 채워지지 못한 기대는 실망으로 바뀌고, 실망이 반복되면 관계에 금이 간다.

이렇게 친밀한 감정에서 시작된 자연스러운 마음은 점차 상대를 통제하려는 시도, 내지는 독심술을 요구하는 수준으로 바뀌곤 한다. 좋은 관계를 유지하기 위해 필요한 것은 내가 상대에 대해서 다 알 수 없다는 것을 아는 겸손함이다. 아무것도 당연한 것은 없다는 것을 기억하자. 기대하는 마음을 알아차리고 그 마음을 내려놓는 것이 필요하다.

그럼 좋은 관계를 위해 구체적으로 어떤 노력을 기울여야 할까? 사랑은 고백하는 것이 아니라 실천하는 것이라고들 한다. 사랑을 실천하는 가장 좋은 방법은 정말 간단하다. 감사를 표현하는 것이다. 감사는 무엇도 당연한 것은 없음을 인정하는 것이며, 존재하는 것에 예의를 갖추는 행위다. 더군다나 이 단순한 행위만으로 우리 뇌에서는 세로토닌이 생성되어 기분 좋은 느낌과 고양된 감정을 느낄 수 있다. 동시에 도파민의 활동도 증가하는데, 그럼 사회적 상호작용이 즐거운 일로 느껴져 대인 관계에 적극적으로 참여하게 된다. 게다가 감사는 받은 이에게도 유사한 감정을 전달하기에 서로에게 더 자주 표현할수록 튼튼한 사회적 지지망이 되어 준다.

가까운 사람에게 감사를 표현하는 일은 누구에게나 쑥스럽고 어렵다. 반면 익숙하다는 이유만으로 고마움을 잊기는 쉽다. '말 안 해도 다 알겠지' 하며 감사를 표현할 기회를 놓치기도 한다. 자신에게도 좋고 타인에게도 좋은 일을 아낄 이유가 없다. 가장 가까이에 있는 나 자신에게 먼저 감사를 실천해 보자. 오늘 하루도 고생한 내 몸에 감사를 표현하자. 식사를 할 때마다 새로운 에너지를 만들어 주는 몸에 감사하자. 가까운 사람들에게 매일 감사를 표현하자. 사랑의 첫걸음은 거기서부터다.

관계가 어려울 때

- 용서 명상

관계에서 힘든 경험이 있었는가? 그럴 때 필요한 것은 용서다. 용서는 분노를 내려놓고 내 마음을 내주는 것이다. 더 나아가 상대의 잘못에도 불구하고 상대가 잘 되기를 바라는 것이다. 왜 그렇게까지 해야 하냐고? 다른 사람이 고통받지 않고 행복하기를 빌어 주는 마음을 일으킬 때, 가장 먼저 긍정적으로 변하는 것은 다른 사람의 뇌가 아니라 나 자신의 뇌이기 때문이다. 용서하는 순간, 받았던 상처보다 더 큰 힘이 자신에게 있음을 알 수 있다. 상처가 아물어 갈 무렵이라면 용서하는 시간을 가져 보자.

· 바른 자세로 앉아서 몸과 마음을 편안하게 한다.

· 눈을 감고 편안한 호흡을 찾는다.

· 타인을 용서하기에 앞서, 우리는 자기 자신을 먼저 용서해야 한다. 자신을 돌보지 않고 괴로움 속에 방치했던 시간을 떠올려 보자. 그 시간 동안 당신이 느꼈던 고통과 슬픔, 불안을 바라본다. 준비가 되면 용서하겠다는 말을 되뇌어 보자.

"이제 나를 용서할 거야. 괜찮아, 다 용서할게."

· 당신에게 피해를 주고 마음의 상처를 준 사람을 용서할 차례다. 미워하고 원망하던 내 모습을 그려 보자. 느껴지는 감정을 판단하지 말고 있는 그대로 인정하자. 용서함으로써 이제 내 마음에서 그 사람을 내보내는 거다. 마음이 가벼워지고 한층 자유로운 기분을 느낄 수 있다. 준비가 되면 입 밖으로 말해 보자.

"당신을 용서할게요. 부디 당신을 완전히 흘려보낼 수 있기를."

· 기꺼이 용서해 줄 때 어떤 마음이 드는지 집중해서 면밀히 느껴 보자.
· 천천히 눈을 뜬다.

Part 5

불안한 삶

우리는 그 어느 때보다 불안한 시대를 살고 있는지도 모른다. 사회학자들에 따르면 현대 사회는 온통 불안해야 할 이유로 가득하다. 게다가 불안은 인생의 어느 한 시기에만 찾아오는 것도 아니다. 우리 앞에는 늘 새로운 과제가 던져지고 덩달아 새로운 불안이 엄습한다. 설상가상 인간이라는 존재 자체가 불안을 타고난다고? 우리 삶에서 불안은 피할 수 없어 보인다.

그런데 사실 불안은 당신을 도와주기 위해서 존재한다. 당신이 단 한 번 뿐인 소중한 삶을 헛되이 낭비하지 않도록! 불안을 정면으로 마주하는 것은 고문처럼 괴로울 수도 있겠으나, 온통 우리를 현혹하는 것들로 가득한 세상에서 불안만큼 자신을 투명하게 비추는 것도 없다. 이토록 쓸모 있는 불안이라니!

1

이렇게 불안한 세상에
던져지다니

2018년 미국에서 가장 큰 서점인 '반즈 앤 노블Barnes & Noble'은 불안을 주제로 한 도서의 판매 급증 현상을 발견했다. 이를 두고 한 언론은 "우리는 불안한 나라에서 살고 있는지도 모른다"라고 보도했다. 여러 통계에서 미국은 인구 대비 불안을 느끼는 사람이 가장 많은 나라로 나타난다. 단적으로 말하면 가장 문명화된 미국인들이 그렇지 않은 나라 국민들보다 더 불안해한다는 뜻이다. 문명화와 불안에 상관관계가 있다면 옛 시대와 비교해 볼 때 훨씬 고도화된 오늘날은 더 불안한 사회인 걸까? 불안은 현대인의 고유한 병일까?

서양 문명의 근대화는 종교와 정치를 분리하고, 그 과정에서 신과 종교 권력으로부터 독립적인 개인이 탄생했다. 그 후로 인류는 인권에 대한 철학을 바탕으로 민주주의라는 커다란 사회적 진보를 이뤄 냈다. 오늘날 우리는 자유와 민주주의가 없는 삶을 상상하기 어렵지만, 우리보다 앞서 살았던 과거 사람들은 지금과 사뭇 다른 조건에서 삶을 살았다. 더 많은 자유와 선택의 기회를 가질 수 있음은 분명 감사한 일이다. 그러나 선택지가 많아진 사회는 더 많은 불안을 유발하기도 한다.

중세 시대에는 태어난 순간부터 모든 것이 정해졌다. 귀족의 자식으로 태어나면 귀족으로 사는 거고, 농부의 자식으로 태어나면 농부로 사는 거다. 개인의 노력만으로는 부모와 다른 신분이나 직업을 가질 수 없었다. 모든 사회적·정치적 역할은 신으로부터 인간에게 주어진 것으로 여겼다. 현대인의 시선에서 보자면 재미없고 기운 빠지는 세상이다. 하지만 더 나은 삶을 위해 애쓸 필요가 없는 삶, 개인적 성공이나 실패라는 개념 자체가 없는 삶은 부담이 없어 보이기도 하다.

반면 오늘날에는 모든 것이 선택의 대상이다. 무엇을 먹고, 어떤 옷을 입고, 연휴에 어디로 놀러 갈지 같은 일상적인 문제부터 어떤 직업을 가지고, 누구와 연애하고 결혼하며, 어디에 투자할지 같은 크고 무거운 문제까지! 모든 것을 선택할 수 있지만, 모든 결과도 내가 감당해야 된다. 더군다나 무언가를 선택한 순간부터 선택하지 않은 다른 선택지를 곱씹고 후회한다. 이제는 존재하는지조차 확인할 수 없는 '최선의 선택'과 늘 비교하면서 말이다. 심리학자 배리 슈워츠Barry Schwartz는 선택의 자유가 늘어날수록 만족감이 줄고 불안이 늘어나는 이러한 현상을 가리켜 '선택의 역설'이라고 불렀다.

새로운 불안을 곁들인 신기술

컴퓨터의 성능이 18개월마다 두 배로 높아진다는 '무어의 법칙'은 시간의 흐름에 따라 급격한 기울기로 성장하는 현대 과학기술의 특징을 설명해 준다. 굳이 그런 법칙을 언급하지 않더라도 우리는 급속한 변화를 일상에서 체감하고 있다. 컴퓨터, 인터넷, 스마트폰, 소셜미디어, 메타버스, 자율주행, 인공지능… 불과 한 세대 전까지만 해도 상상으로 그치던 기술들이다. 과학의 발전 속도에 비하면 우리의 적응을 도와준다는 진화의 속도는 거북이 걸음이다.

몇 년 전, 집 앞에 새로 생긴 카페에서 키오스크 기계를 처음 보았다. 지금은 흔해졌지만 그때는 낯설고 신기했다. 중년의 여성 두 분이 낯선 기계 앞에서 고군분투하고 계시길래, 나 또한 그 기계가 처음이었지만 천천히 눌러 보며 도와드렸다. 그러자 두 분은 고맙다 인사하시며 이렇게 말했다. "이거 뭐, 커피 마시는 게 이렇게 어려워서야⋯ 이제 카페도 못 오겠네." 그 말을 들으며 문득 씁쓸한 기분이 들었다. 젊은 사람들도 새로운 기술에 적응하는 데는 시간이 걸린다. 하지만 그분들에게는 공간에서 환영받지 못하는 느낌마저 들었나 보다. 이렇게 기술의 변화는 스트레스와 불안을 불러온다.

그럼 '디지털 네이티브'라고 불리는 MZ세대는 기술에 따른 불안에서 자유로울까? 정답은 '아니오'다. 이들의 불안도 커졌다. 2004년 페이스북(오늘날의 '메타')이 탄생한 이래로 MZ세대는 SNS의 주 이용층이 되었다. 그러면서 이들은 핸드폰으로 늘 타인의 멋진 순간을 자신의 일상과 비교하기 시작했다. 단조롭게 느껴지는 자신의 평범한 일상이 싫어 SNS를 끊어 보려고도 하지만, 그랬더니 나만 혼자 다른 사람들로부터 단절된 느낌에 더 불안하고 두려워진다. 이렇게 트렌드로부터 뒤처질까 두려워하는 현상을 '포모FOMO, fear of missing out'라고 한다. 코로나19로 대외활동이 제한된 2021년에 반짝했던 애플리케이션 '클럽하우스' 열풍이 대표적인 예다. 게다가 심리적인 영향 말고도 핸드폰이 내

뿜는 블루라이트는 수면을 돕는 멜라토닌^{melatonin} 생산에도 악영향을 미친다. 퍼거슨 감독의 명언은 아직도 유효하다. 이래저래 소셜미디어는 우리의 시간을 잔뜩 잡아먹는다.

노력하면 뭐든지 할 수 있다는 환상

현대 자본주의 사회의 기저에는 누구나 개인의 능력과 노력에 따라 원하는 삶을 누릴 수 있다는 믿음이 깔려 있다. 그 믿음의 이름은 바로 '능력주의'다. 능력 있는 사람이 좋은 것을 얻을 자격이 있다는 논리다. 얼핏 보면 공정한 게임의 룰을 제시하는 것처럼 보이나, 조금만 자세히 보면 공정하기만 한 게임판이 아니다. 동등한 출발선은 환상이다. 전 세계인의 보편적 공감을 산 영화 〈기생충〉이나 드라마 〈오징어게임〉이 이러한 현실을 잘 보여 준다. 자본주의는 경쟁을 통해 기술 혁신과 사회 발전을 유도하는 순기능이 있다. 하지만 점점 커지는 온갖 격차는 자본주의의 어두운 민낯이다.

최근에는 능력주의의 함정을 비판하는 학자들의 목소리도 거세졌다. 그들은 능력주의가 엘리트 계층과 중산층을 분열시키고 사회의 불안정성을 높인다고 주장한다. 엘리트 계층은 지위를 유지하지 못할까 봐 불안해하고, 중산층은 더 나은 삶으로 올라갈 사다리를 영영 잃어버릴까 봐 불안해한다. 성공한 사람들은 하나같이 약간의 창의성과 노력만 있으면 뭐든지 이룰 수 있다고 말한다. 그런데 이를 뒤집어 말하면 실패는 개인의 노력 부족이며 오롯이 개인의 책임이라는 뜻이기도 하다. 이렇게 희망의 메시지는 금세 절망의 메시지로 바뀐다. 경쟁에서 낙오되면 곧바로 무능력자가 된다. 불안하지 않을 수가 없다.

더욱이 능력주의에 대한 환상은 경쟁적 개인주의를 부추긴다. 즉, 사람들이 협력하기보다 서로를 잠재적 경쟁자로 여기도록 만든다. 그러나 오랜 세월 동안 무리를 지어 함께 사냥하고 농사지어 온 우리는 경쟁보다 협력에 더 익숙한 본성을 가졌다. 이는 심리학자 제롬 케이건Jerome Kagan의 견해다. 게다가 경쟁적 개인주의는 불안을 완화할 수 있는 공동체적 경험을 방해한다. 협력하고 연대하는 공동체의 상실은 현대 사회가 유발하는 불안의 가장 중요한 요소라고 심리학자 롤로 메이Rollo May는 지적했다.

아무래도 우리가 쉽지 않은 시대를 살아가고 있다는 것만은 분명해 보인다. 그럼 과거의 사람들은 어땠을까? 선택지가 적었던 시대의 사람들, SNS가 없던 시대의 사람들의 삶에는 지금 우리가 겪는 것과 같은 불안과 고민이 없었을까? 또한 이런 궁금증이 들 수도 있다. '지금은 이렇게 불안하지만 살다 보면 불안

이 없어지는 날들도 있을까?' 그에 대한 대답은 다음 장에서 자
세히 살펴보도록 하자.

2

불안은 요람에서 무덤까지
우리와 함께한다

요즘 들어 불안을 느끼는 당신! 여기에 당신이 찾아갈 수 있는 가상의 의사 두 명을 소개한다. 당신은 어떤 의사와 대화하고 싶은가?

첫 번째 의사 불안감을 완전히 없애 줄 신약을 개발했다. 약의 효과는 임상 테스트를 걸쳐 입증되었다. 동물들의 불안 행동 치료에도 같은 약이 쓰인다. 다만 이 의사는 뭐가 고민인지, 무엇이 마음을 아프게 하는지는 단 1초도 들을 생각이 없다. 무신경하게 시계를 바라보던 의사가 시선을 옮겨 말한다.

"약 드릴까요?"

두 번째 의사 따뜻한 시선으로 당신을 바라보며 말한다.

"요즘 어떤 고민이 있으세요? 어떤 문제가 마음을 짓누르고 힘들게 하는지 편안하게 떠오르는 대로 말씀해 보세요. 털어놓는 것만으로도 마음이 많이 가벼워질 거예요."

그러고는 내 말을 경청하며 고개를 끄덕이다가도 내가 지나치게 자책하기 시작하면 적당히 막아 준다.

나이대에 따른 불안 8단계

극단적인 예시다. 첫 번째 의사같이 말하는 의사는 거의 없을 것이다. 무엇보다 불안을 감소시키는 데 도움이 되는 약은 있지만 완벽하게 삭제할 약은 없다. 설사 그런 약이 있다고 해도 두 번째 의사와 대화하고 싶다고 느꼈다면, 우선 축하한다. 당신은 아직 인간성을 잃지 않았으며 불안에 대해 어느 정도 이해가 있는 사람이다. 인간은 숨만 쉬며 지내도 불안이 저절로 생겨나기 때문에 일시적으로 불안을 없애 주는 약은 결국 근본적인 해결책이 될 수 없다. 그 사실을 뒷받침하는 이론적 근거도 있다.

인간 발달 분야에서 숱하게 인용되는 학자 에릭 에릭슨Erik Erikson에 따르면, 인간은 생애 동안 여덟 단계에 걸쳐 '정체성의 위기'를 맞는다. 나이를 먹어 가면서 각 단계의 발달 과제를 마주할 때마다 우리는 불안을 느끼게 된다는 뜻이다. 에릭슨이 제시한 여덟 단계의 인간 발달 단계를 간략하게 소개하면 다음과 같다.

단계	연령	발달 과제
1단계 신뢰 대 불신	신생아기 (출생~1세)	출생 후 1년 동안 타인에 대한 신뢰를 경험하는 시기. 이 시기에 타인에 대한 건강한 신뢰를 경험하지 못하면 이후에 타인 및 세상을 불신하게 된다.
2단계 자율성 대 수치심	영아기 (1세~3세)	신경계의 발달로 걷기 시작하고 배변 조절을 연습하는 시기. 스스로 선택하고 행동하는 행위를 통해 자율성을 경험한다. 이 시기에 건강한 자율성을 경험하지 못하면 수치심을 느끼게 된다.
3단계 주도성 대 죄책감	학령전기 (3세~6세)	언어를 능숙하게 구사하며 활동성이 높아지는 시기. 자신이 정한 목표를 달성하는 것에 관심이 많아진다. 남성과 여성의 생물학적 차이를 인식하며 기본적인 성(性)정체감과 호기심을 확립한다.
4단계 근면성 대 열등감	학령기 (7세~12세)	학교생활을 하면서 학습을 위한 주의집중과 근면성을 배우며, 또래와 어울리고 사회성을 배운다. 이 과제들을 잘 달성하지 못하면 열등감을 발달시키게 된다.

5단계 정체감 대 정체감 혼미	청소년기 (12세~18세)	2차 성징으로 인한 급격한 생리적 변화를 겪는 시기. 더 이상 아이가 아니지만 아직 어른도 아닌 시기로 자아 정체감을 확립하기 시작한다. 이 시기에 정체성에 대한 고민이 부족하면 성인기 이후에도 건강한 정체감 형성에 어려움을 겪을 수 있다.
6단계 친밀감 대 고립감	성인기 (19세~40세)	타인과 깊은 관계를 맺으며 정서적 친밀감을 형성하고 결혼, 육아 등의 중요한 인생 과제를 경험하는 시기. 과제를 달성하지 못하고 있다고 느끼면 고립감을 느끼게 된다.
7단계 생산성 대 침체성	중년기 (40세~65세)	후손을 양육하고 번성하도록 돕는 것을 최우선의 목표로 삼는 시기. 자신에 대한 정체성 확립의 토대 위에서 가족과 사회까지 관심의 범위를 확장하는 시기.
8단계 통합성 대 절망감	장년기 (65세 이상)	심리적이고 영적인 성숙에 관심을 가지는 시기. 자신이 살아온 인생에 대해 긍정적으로 평가하지만 각 시기의 과제를 잘 이루지 못했다고 느낄 경우 절망에 빠질 수도 있다.

우리가 살아가는 삶에 이토록 중요한 과제들이 많았다니! 일단 짚고 넘어가자면 이것이 반드시 모든 사람이 겪어야 하는 법칙은 아니다. 인간 발달 과정에 깊은 관심을 가졌던 한 학자가 정리한 경향성일 뿐이다. 확실한 것은 인간으로 살아가는 삶은

이처럼 끊임없는 변화의 과정이며 이것이 때때로 불안의 원인이 된다는 사실이다. 만약 변화해야 한다는 사실을 인지하지 못하거나, 변화에 저항하면 불안을 더 심하게 느낄 수 있다. 인간 발달 단계에서 제시하고 있는 과제들을 보며 지금 느끼는 불안을 설명할 수 있는 키워드가 있는지 살펴보자. 그 시기에 그러한 불안을 갖는 것은 당신뿐만이 아니었다.

엄마는 가끔 내가 첫걸음마를 떼던 순간의 이야기를 해 주시곤 했다. 얼떨결에 아무것도 잡지 않고 몇 걸음 걷고 나서는 스스로도 놀라고 기뻐하며 엄마를 쳐다보았다고. 엄마는 그런 나를 보고 환하게 웃어 주셨다고 한다. 첫걸음마, 첫 등교일, 처음으로 손을 들고 발표하던 순간, 처음 갔던 치과, 처음 이사 가던 날, 첫사랑, 첫 직장… 그 모든 처음들의 낯설고 불안한 느낌을 기억하는가? 발전, 성장, 성숙은 불안을 느끼고 새로운 단계로 넘어가는 과정에서만 주어지는 선물이다. 당신의 '처음'들을 돌아보라. 얼마나 많이 불안했었고 또 얼마나 많이 성장했는지 새삼 놀라울 것이다.

실존의 문제와 불안

만약 에릭슨의 8단계 과제가 지금 내가 겪는 불안을 설명하는 데 충분하다고 느껴지지 않는다면, 불안에 대해 조금 다른 시각으로 바라본 철학자들의 이야기가 도움될지도 모른다. 17세기 수학자이자 과학자 그리고 철학자였던 파스칼Blaise Pascal은 인간이 느끼는 불안에 대해 이렇게 말했다. "인간은 전 우주를 사유할 수 있지만 동시에 유한한 존재이기에 불안을 안고 사는 운명을 타고 났다." 그의 또 다른 유명한 명언인 "인간은 생각하는 갈대다"라는 말은 대자연 속에서 갈대처럼 가냘프고 나약한 인간 존재의 단면을 포착한다. 참고로 그는 확률을 연구한 수학자답게 신을 믿는 것이 확률적으로 유리하니 신을 믿고 불안에서 벗어나라고 조언하기도 했다.

실존주의 철학의 아버지라 불리는 키에르케고르S. Kierkegaard는 과학이 인간을 행복한 미래로 인도하리라는 낙관주의가 지배하던 19세기에 태어났다. 그는 이성과 논리, 과학 법칙으로 결코 해결될 수 없는 삶의 문제, 즉 과학의 세계가 잃어버린 내면적 삶의 가치와 주체성의 문제에 주목했다. 키에르케고르는 인간이 불안과 절망을 통해 자기의 진정한 모습을 명확히 한다고 보았다. 불안은 인간에게 주어진 자유에서 오는 것이기 때문이다. 그는 이렇게 말했다. "사람이 짐승이거나 천사였다면 불안을 느끼지 못할 것이다. 사람은 짐승이면서 천사이기 때문에 불안을 느낄 수 있고, 불안이 클수록 더 위대한 사람이다." 『존재와 무』에서 사르트르는 이렇게 말했다. "이유 없이 세상에 던져져 목적 없이 살아가는 인간은 오히려 그 때문에 스스로 존재의 의미를 만들어 가는 창조적 존재가 된다. … 자유로운 사람은 스스로 결정하고 책임져야 하기에 늘 고민과 불안에 싸여 있다." 사르트르에 따르면 삶에는 정해진 의미나 가치가 없다. 다만 우리가 부여하는 가치만 있을 뿐이다. 생텍쥐페리^{Saint-Exupéry}의 『어린 왕자』에서 어린 왕자는 자신이 특별하게 생각했던 장미가 지구에 와 보니 흔하게 있는 것을 보고 충격을 받았다. 여우는 그에게 "네 장미를 그토록 소중하게 만든 건 그 꽃에 네가 바친 시간들이야"라고 말했다. 당신의 삶에서 소중한 것, 당신의 장미는 무엇인가?

삶에 질문을 던져 볼 기회

삶을 소중하게 만드는 것 그리고 삶에서 가장 소중한 것에 대한 문제에서 불안은 절대 빠지지 않는 감정이다. 우리가 무언가 때문에 불안하다면 그것이 우리에게 중요하고 가치 있기 때문이다. 아기는 보호자가 옆에 없으면 불안하다. 그의 존재가 자신의 생존에 몹시 중요하기 때문이다. 이번 시험에 합격하지 못할까 봐 불안하다면 시험에 합격하는 것이 나의 가치를 입증하는 데 중요하기 때문이다. 좋은 배필을 만나지 못할까 봐 불안한 가? 결혼과 새로운 가정 꾸리기라는 문제가 내게 중요하기 때문이다. 하지만 지구 반대편의 폭설 예보는 어떨까? 사상자가 나오지 않길 바라며 앞으로의 기후문제가 걱정스럽긴 하겠으나, 솔직히 당장 우리가 불안에 떨지는 않을 거다.

그러니 불안하다면 근본적인 질문을 던져 볼 기회로 삼아 보자. 불안을 마주하고 불안에게 물어보자. "왜 불안한 거지? 원하는 게 뭐야? 내가 여기서 무엇을 배우길 원해?" 하고 말이다. 불안과 대화하는 것이 처음에는 쉽지 않을 수 있다. 불안이 그다지 사교적인 존재는 아니니까. 하지만 불안은 진실한 친구다. 불안에는 거짓이 없다.

불안과 대화할 때 사용하기 좋은 '하향 화살표 법'이라는 기법이 있다. 불안이 뭐라고 대답하면 그 말에 대해서 계속 더 깊게 질문하는 방법이다. "그러면 뭐가 문제가 되는데?", "그러면 왜 안 되는데?" 하는 식으로 불안에게 계속 질문해 보자. 불안은 우리를 근본적인 문제로 이끌 것이다.

불안: 불안해.
나: 왜 불안한데?
불안: 이렇게 살다가 나중에 죽을 때 후회할 것 같아.

나: 후회하면 왜 안 되는 걸까?

불안: 죽을 때 후회하고 싶지 않아.

나: 그러니까, 죽을 때 후회하면 왜 안 되는데?

불안: 죽을 때 후회하는 삶은 불행한 삶이야.

나: 불행한 삶을 사는 게 뭐가 문제인데?

불안, 기가 차다는 듯 한숨을 내쉬고는 나를 꿰뚫어 본다.

불안: 너는 행복한 삶을 원해. 그리고 이 삶은 단 한 번뿐이야.

나, 불안이 한 말을 혼자 속삭인다.

나: 나는 행복한 삶을 원해. 그리고 이 삶은 단 한 번뿐이지.

이상은 하향 화살표 법에 따라 내가 불안과 나눈 대화를 정리한 내용이다. 내 질문에 불안은 진실한 목소리로 대답해 주었다. 그가 한 말이 무슨 뜻인지 해석하는 것은 이제 나의 일이다.

3

삶에 중요한 변화가
필요하다는 신호

"당신이 가장 두려워하는 것을 찾아라. 진정한 성장은 그 순간부터 시작된다." 칼 융이 말했다. 막연한 불안함이 계속된다면 중요한 질문의 순간이 찾아왔다는 뜻이다. '내가 가장 두려워하는 것은 뭐지? 이 불안함의 끝에 뭐가 있는 걸까?' 모든 불안의 끝에는 나조차도 몰랐던 어떤 두려움이 자리하고 있다. 근본적인 두려움을 마주하기란 심적으로 무척 버거운 일이지만, 한번 직면하면 삶에 꼭 필요한 변화와 진정한 성장의 지름길을 발견할 수 있다. 불안은 삶에 중요한 변화가 필요하다는 신호이자 행복으로 가는 지름길을 알려 주는 표지판이다. 그러니 신호를 발견했다면 주저 말고 그가 가리키는 방향을 바라보자.

죽을 때 가장 많이 후회하는 5가지

간호사 브론니 웨어Bronnie Ware는 죽음을 앞둔 이들을 보살피는 호스피스 병동에서 사람들이 가장 많이 하는 후회를 조사했다. 그녀에 따르면 죽음을 앞두고 사람들이 가장 많이 하는 후회는 다음과 같다.

1. 내가 진정으로 원하는 삶을 살걸
2. 일만 너무 열심히 하지 말걸
3. 내 감정을 솔직하게 표현할걸
4. 친구들과 더 가까이 지낼걸
5. 더 많이 행복해하며 살걸

'돈을 더 많이 벌걸', '더 열심히 일할걸', '더 성공한 사람이 될걸' 같은 후회가 없다는 것이 의외이지 않은가? 두 번째부터 다섯 번째 후회는 조금 시시하게 느껴지기도 한다. 마음만 먹으면 지금 당장이라도 얼마든지 할 수 있는 일 아닌가. 첫 번째 후회는 조금 더 의미심장하다. 자신이 진정으로 원한 게 아니었던 삶을 살다 간 이들이 얼마나 많았을까. 원하는 것이 무엇인지 알며 산다는 것이 많은 이들에게 참 쉽지 않다. 우리는 삶을 주도적으로 이끌어 가고 있다고 생각하지만, 실은 타인의 기대나 현실과의 타협 속에서 진정으로 원하는 삶과 먼 삶을 살아가고 있는지도 모른다.

고대 그리스 철학자인 세네카Lucius Annaeus Seneca는 『인생의 짧음에 대하여』에서 "인생은 진정으로 시작할 준비가 될 때쯤엔 이미 거의 끝나 있다"라고 했다. 물리적으로 주어진 시간이 너무 짧다는 의미가 아니다. 우리가 너무도 많은 시간을 낭비한다는 것이다. 실패에 대한 두려움으로 정말 원하는 일에 한 발짝도 내딛지 못하는 사람, 다른 사람의 시선을 신경 쓰느라 자신의 마음이 원하는 것을 외면하는 사람, 자신에게 주어진 시간과 젊음이 영원할 것처럼 착각하며 최선의 노력을 뒤로 미루는 사람. 그것은 다름 아닌 나 자신의 모습이기도 했다.

'시험에 합격하기만 하면… 일단 취직만 하면… 집부터 사고… 애만 다 키우고 나서…' 우리는 이렇게 올지 안 올지 모르는 불확실한 미래로 삶을 미루는 습관을 반복하고 있다. 인생의 대부분이 다 지나가 버릴 때까지 진짜 삶을 사는 것을 미루고 있지는 않은가? 세네카는 천년만년을 살아도 대부분의 시간을 낭비한다면 얼마나 오래 사는지는 중요하지 않다고 했다. 그런 우리에게 불안은 고맙게도 멈춰 서서 삶을 돌아보게 만들어 준다. 불안은 두려워하는 것을 가리키는 손가락이다. 그 손가락의 안

내를 따라가 보자. 진정으로 삶에서 누리고자 했던 것을 너무 뒤늦게 깨닫고 후회하지 않을 수 있도록.

불안하다면 점검하라

아인슈타인Albert Einstein은 "항상 같은 행동을 하면서 다른 결과가 나오기를 기대하는 것은 가장 바보 같은 짓"이라고 했다. 불안하다면 계속 똑같이 살면서 불안해할 것이 아니라 인생을 전체적으로 점검해 볼 필요가 있다. 이때 점검해야 하는 것은 '내가 현재에 살고 있는가' 하는 점이다. 과거의 상처와 트라우마로부터 영향을 받고 있다면 현재를 사는 것이 아니라 과거에 사는 것이다. 미래의 성취와 영광을 위해 늘 스트레스를 참느라 고통스럽다면 현재를 사는 것이 아니라 미래에 사는 것이다. 이렇듯 불안한 사람은 현재에 살지 않는 경우가 많다.

막연한 불안이 계속될 때 첫 번째로 해야 할 일은 현재로 돌아오는 것이다. 현재를 사는 사람은 과거의 기억이나 미래의 계획 때문에 현재를 희생하지 않는다. 현재를 멋진 미래의 발판 정도로만 생각하지 않는다. 그는 현재가 내가 가진 전부임을 알고 삶이 펼쳐지는 지금 이 순간에 집중하며 머무른다. 또한 벗어나지 못하는 과거의 상처를 외면하지 않는다. 치유가 필요한 곳을 직시하고는, 여전히 들끓고 있는 고통 속에 자신을 무심하게 내버려 두지 않는다. 지금 느끼는 막연함 불안함이 당신에게 현재로 돌아오라고 말하고 있는 건 아닐까?

두 번째로는 내가 나 자신을 지지하고 있는지 아니면 공격하고 있는지를 점검해야 한다. 쉽게 불안해지는 사람들은 자신의 지원군이 아니라 적군으로 살아간다. 단점이나 약점을 인정하지 않고 무조건적인 극복의 대상으로 보는 것도 스스로를 공격하는 것이다. 나보다 더 잘나 보이는 사람과 자신을 끊임없이 비교하며 부족함을 채우는 일에만 골몰하는 것 역시 자신을 적군으로 삼는 것이다. 완벽한 사람은 없고 모든 사람이 같을 수는 없다. 자신과의 전쟁을 멈추자. 그렇게 있는 그대로의 자신이 현재에 살도록 허용하면 세상 속에서 진정한 자신의 자리를 발견할수 있다.

세 번째로 정말 가치 있는 것을 추구하며 살고 있는지 점검해야 한다. 성공을 목표로 살아가고 있다면 자신이 정의한 성공을 이룬 후의 모습을 상상해 보라. 자, 이제 성공한 당신에게 진정으로 만족을 주는 것이 무엇인가? 성공으로 이루고 싶은 궁극의 목표가 무엇인지 분명하게 바라보자. 삶의 여유? 결핍과 경쟁으로부터의 자유? 마음의 평화? 자아나 영혼의 성숙? 베풂과 나눔? 정말 원하는 것이 무엇이든, 그것은 성공이라는 목표

자체에 있는 것이 아니라 그 목표 너머에 있는 것들이다. 진정한 가치가 아닌 것을 따라 살면 목표를 성취한 후에도 공허해질 뿐이다. 그토록 바라던 성공을 이루고 나서도 불안의 손가락은 당신의 옆구리를 계속해서 쿡쿡 찌를 것이다.

변화를 맞이하는 올바른 마음가짐

당신의 불안이 변화가 필요함을 알리는 신호탄이라는 사실을 이해했다면 변화를 위한 마음가짐을 점검해 보자. 변화해야겠다고 마음먹고 나서 사람들이 흔히 하는 오해와 실수가 있다. 아직 무르익지 않은 변화를 재촉하는 것, 또한 잘못 쓴 오답을 지우개로 박박 지우듯 과격한 변화를 도모하는 것, 감정을 배제하고 오직 이성으로만 변화의 방향을 설정하려는 것이다. 이런 오해를 바탕으로 변화를 시도하면 정작 필요한 변화를 이루기도 전에 지쳐서 쓰러지거나 엉뚱한 방향으로 애를 쓰게 된다.

변화해야 한다는 생각 자체가 또 다른 짐이 되도록 하지 말자. 변화는 때가 되면 저절로 찾아오기도 한다. 자신을 너무 압박하지 말자. 아직 변화할 준비가 안 되었다고 느껴지면 그런 자신을 허용해야 한다. 배우고자 하는 사람이 준비가 되었을 때 우주는 비로소 스승을 보내 준다고들 말한다. 그저 변화에 열린 마음가짐만 있다면 준비는 충분하다. 가족의 품을 떠나 둥지를 날아가는 어린 새를 생각해 보자. 새가 자신이 날 수 있다는 확신에 찬 날갯짓을 했기 때문에 날 수 있게 된 게 아니다. 날아갈 수 있는 때가 되었기 때문에 날 수 있었던 것이다. 누구에게나 자기의 때가 있다.

마침내 변화를 맞이하게 되었을 때, 눈을 부릅뜨고 그간의 잘못을 이 잡듯 찾아내려는 사람도 있다. 하지만 생각해 보자. 사이즈가 안 맞는 옷을 입고 불편을 느꼈다면 무엇이 잘못되었을까? 옷이 잘못인가, 당신이 잘못인가? 아무것도 잘못되지 않았다. 다만 당신에게 맞지 않는 옷을 입었을 뿐이다. 변화를 잘못된 것을 바로잡고 뜯어고치는 것으로 생각할 필요가 없다. 그저 물건을 더 어울리는 곳으로 옮기는 일 정도로 생각하자. 나에게 어울리지 않는 일을 하고 있다면 더 어울리는 것을 찾고, 친구 사이에서 과도한 스트레스를 받는다면 어울리지 않는 사람 대신 다른 친구를 찾아라. 당신은 잘못되지 않았다. 당신에게 더 잘 맞는 옷은 반드시 있다.

변화의 순간에 어느 방향을 향해 움직여야 하는지 막막할 수도 있다. 어떤 선택이나 결정을 할 때 그 이유와 근거를 오직 이성적으로만 생각해 최선의 답을 찾으려 하다 보면 그런 느낌을 자주 경험할 수 있다. 그럼 정작 단순하지만 강력한 질문을 쉽게 놓치고 만다. 그 질문이란 '나는 어떻게 느끼고 있을까?'이다. 방향을 정할 때는 그 변화 이후의 자신의 모습을 상상해 보자. 변화가 이루어진 미래의 나는 어떤 느낌이 드는가? 그 사실만으로도 만족하는가 아니면 다른 걸 택했으면 어땠을까 하고 후회하는가? 어느 한쪽으로 기울어진 나의 감정을 눈치챌 수 있을 것이다. 감정은 우리에게 중요한 것이 무엇인지 알려 준다.

빨리 어른이 되고 싶다고 생각한 적이 있었다. 어느 정도 나이가 들면 걱정도 고민도 없고, 삶의 모든 문제를 편안하고 능숙하게 다룰 수 있지 않을까 기대했기 때문이었다. 하지만 막상 생각했던 나이가 되었을 때, 삶이 예측 가능하고 쉬웠던 사람이 몇이나 있을까? 아마 내 인생은 앞으로도 그렇지 않을 것이다. 삶의 단계마다 새로운 과제가 주어지니까! 특히 인간 역사상 그어느 때보다 긴 평균 수명이 기대되는 우리에게 삶은 길고 긴 변화의 마라톤이다. 그러니 어느 한 시기에 삶을 완성하려고 하지 않아도 된다. 삶은 언제나 진행 중이고 변화에는 끝이 없다.

4

상실과 남겨진 마음들

한 유튜브 채널에서 배우 이광수가 대조되는 두 가지 감정을 동시에 표현하는 개인기를 선보인 적이 있다. 재능 있는 배우답게 '행복한데 불안하다'라는 제시어를 표현해 내는 그의 표정은 가히 천재적이었다. 그런데 이 감정은 우리가 흔히 느끼는 불안 가운데 하나다. 우리는 보통 손에 쥔 것이 없다거나 남보다 뒤처졌다고 생각할 때 불안을 느낀다. 그럼 많이 가진 사람, 모든 것이 마침내 안정적인 사람은 불안을 느끼지 않을까? 오랫동안 불안을 연구한 브레네 브라운은 사람들이 가장 취약하다고 느끼는 순간은 뜻밖에도 잠든 아이들을 지켜볼 때, 사랑에 빠질 때처럼 좋은 일을 겪고 있을 때라고 한다. 소중한 것을 손에 넣어도 우리는 그것을 잃을까 봐 불안을 느낀다는 말이다. 가진 것이 많은 사람은 뒤집어 생각하면 잃을 것이 많은 사람, 행복한데 불안한 사람이다.

피할 수 없는 상실

상실의 경험은 고통스럽다. 하지만 피할 수 없는 것이기도 하다. 사랑하는 사람을 세상에서 떠나보내는 일은 견디기 어려울 정도로 슬프고 힘든 일이다. 일생에 손에 꼽히는 이런 큰 상실 말고도 우리 삶의 도처에는 상실이 널려 있다. 익숙했던 동네를 떠나 이사하는 것도 하나의 상실이다. 직업이나 직장을 바꾸면 이전의 업을 상실하게 된다. 이별이나 이혼으로 배우자를 상실하기도 한다. 한때 절친했던 친구와 소원해지는 상실도 있고, 반려동물을 잃는 상실도 있다. 또 병에 걸려 건강을 상실하기도 한다.

상실을 마주하고 받아들이는 일은 괴로운 일이다 보니 독특한 전략을 취해 상실에서 오는 슬픔과 고통을 대비하려는 사람들도 있다. '비극에 대비한 드레스 리허설'이라고 불리는 것인데, 일이 잘 풀릴 때 오히려 최악의 상황을 상상하는 것이다. 행복하고 아무런 문제가 없을 때 미리 상실의 순간을 상상하고 상실의 슬픔을 리허설해 두면, 비극이 닥쳤을 때 충격과 슬픔을 대비할 수 있을 거라고 믿는 심리다. 하지만 이것이 정말 좋은 전략일까? 이 전략을 사용하고 후회한 어느 60대 남성의 이야기를 들어 보자.

"나는 인생을 헤쳐 나가는 최고의 방법이 최악의 상황을 예상하는 거라고 생각했어요. 혹여나 그런 일이 일어나더라도 이미 준비가 되어 있을 테고, 일어나지 않으면 다행인 거였지요. 그 무렵에 자동차 사고를 당해 아내가 죽었어요. 당연히 그런 최악의 상황은 상상하지 못했지요. 더 안 좋은 건, 함께였지만 온전히 즐기지 못한 그 모든 멋진 순간들을 지금도 슬퍼하고 있다는 거예요. 나는 아내에게 모든 순간을 온전히 즐기겠다고 약속했어요. 이젠 그렇게 하는 방법을 아니까 아내가 여기 함께 있으면 좋겠어요."*

상실에 대한 두려움은 상실 자체를 막아 주지 못한다. 마음의 준비가 갑작스러운 충격을 조금이나마 덜어 낼 수 있을지는 모른다. 하지만 행복을 누릴 수 있는 소중한 순간에 왜 비극을 연습해야 한단 말인가? 상실의 순간을 피하려는 노력은 무의미

* 리사 랜킨, 『두려움 치유』, p. 132-133.

할뿐더러 그에 대비하려는 마음은 오직 지금만 누릴 수 있는 행복에 온전히 집중하지 못하게 방해한다. 그러니 상실을 대하는 최선의 자세란 매 순간 후회 없이 사랑하며 삶을 충분히 음미하는 것뿐이다. 우리는 인생에서 이미 한 일에 대해서는 별로 후회하지 않는다. 하지만 하지 못한 일들은 두고두고 마음에 남게 된다.

지불하지 못한 감정의 고지서

때로 상실로 인한 슬픔은 너무나 커서 외면하고 싶을 때도 있다. 사랑하는 사람과의 이별은 감당하기 힘든 아픔이다. 그 고통을 피하고 싶어 감정 자체를 마비시키는 사람들도 있다.

영화 〈데몰리션〉의 주인공 데이비스는 일에는 열심이지만 가정에는 다소 무심한 남자다. 아내와 함께 출근하던 어느 날 데이비스는 교통사고로 아내를 잃게 되는데, 이상하게도 그는 그 사실에 전혀 슬픔을 느끼지 못한다. 아내의 죽음보다 돈을 먹어버린 자판기가 더 신경 쓰이는 자신을 보며 '나는 아내를 그다지 사랑하지 않았구나'라고 생각하는 데이비스. 자신의 비인간성에 실망하며 스스로 어딘가 고장 난 것 같다고 느끼는 그에게 장인은 "뭔가를 고치려면 전부 분해한 다음, 중요한 게 뭔지 알아내야 돼"라고 조언한다. 그 말을 계기로 데이비스는 삐걱거리는 화장실 문부터 물이 새던 냉장고, 아내와 살던 집까지 그를 둘러싼 모든 것을 조각내고 부수기 시작한다. 그 과정에서 그는 아내를 사랑했다는 증거들을 하나둘 발견하며 비로소 슬픔을 느끼고 천천히 이를 극복해 낸다.

데이비스처럼 우리가 감정을 외면하는 이유는 '방어기제'가 발동했기 때문일 수 있다. 방어기제란 견디기 힘든 고통으로부터 스스로를 보호하기 위해서 작동하는 심리적 장치다. 그런데 전문가들은 여기서 두 가지 문제가 발생한다고 지적한다. 첫째로, 감정을 마주하지 않으려고 선택할수록 방어기제는 계속 강화된다. 하지만 감정을 느끼는 것이 힘들어서 아예 억압해 버리는 방식은 건강한 방어기제가 아니다. 둘째로, 이러한 억압 방어기제가 반복해서 작동되면 점차 감정을 인지하는 능력 자체가 떨어지게 된다. 심하면 자신의 감정을 잘 인식하고 표현하지 못하는 '감정 표현 불능증'까지 이를 수 있는데, 이 경우 자기 감정인데도 다른 사람의 도움 없이는 인식조차 할 수 없어진다. 점차 스스로의 감정에 무뎌져 가다가 데이비스처럼 자신의 상태를 이해하지 못해 괴로워지는 것이다.

프레드릭 배크만Fredrik Backman의 소설 『불안한 사람들』에서 은행원 자라는 자기 앞으로 한 통의 편지를 받았지만 그 편지를 10년 동안이나 열어 보지 않는다. 그것은 그녀에게 대출을 거부당한 어느 가장이 투신자살을 하기 직전에 그녀에게 쓴 편지였기 때문이다. 그녀는 뜯지도 않은 편지를 늘 마음속에 무겁게 간직하고 있다. 그녀의 삶은 그 편지를 열어 볼 용기를 내기까지의 과정이라고도 할 수 있다. 감정은 이 편지처럼 절대로 사라지지 않는다. 내용을 확인하고 감정을 느끼고 흘려보내기 전까지 감정은 우리를 떠나지 않는다.

상실로 인해 한동안 여러 가지 감정이 회오리처럼 몰아칠 수 있다. 충격, 두려움, 슬픔, 화, 죄책감, 공허함, 무력감… 상실에 따라오는 이 모든 감정과 느낌은 자연스러운 것이다. 정신과 의사인 엘리자베스 퀴블러 로스Elisabeth Kübler Ross의 '상실을 받아들이는 5단계 이론'에 따르면 우리는 부정 → 분노 → 타협 → 우울 → 수용이라는 역동적인 과정을 거친다. 반드시 순서대로 일어나는 건 아니지만 보통 초반에는 상실을 받아들일 수 없어 현실을 부정하고 분노하다가, 점차 현실을 받아들이며 타협과 우울을 거쳐, 마침내 수용의 단계에 이른다고 본 것이다. 어떤 감정이든 느껴지는 순간 피하거나 억누르지 말고 있는 그대로 인정하고 경험할 때 상실을 가장 빠르게 통과할 수 있다. 상실에 따르는 감정을 적절히 다루고 소화하지 않으면 감정은 체납된 고지서처럼 때마다 찾아와 지불을 요구한다. 어느 순간 눈덩

이처럼 불어난 연체료와 함께 더 커진 액수로 당신을 찾아올지도 모르는 일이다.

상실의 슬픔은 사랑했다는 증거 _____

우리는 이제 모든 것이 변화한다는 것을 알고 있다. 그럼에도 그 사실을 잠시 잊은 채로 어떤 것이 나에게 속해 있다고 굳게 믿었기에 변화를 '상실'이라고 부를 뿐이다. 우리가 사랑하는 모든 것은 우리 곁에 선물처럼 머물다가 때가 되면 우리를 떠난다. 이별은 슬프지만 이별했다고 해도 함께 나누었던 사랑은 여전히 가치 있는 것이다. 반려동물을 향한 애정을 담은 〈언젠가 너로 인해〉라는 노래에는 이런 가사가 있다.

지금 이 순간 나는 알아
왠지는 몰라 그냥 알아
언젠가 너로 인해 많이 울게 될 거라는 걸 알아

점점 늘어나곤 있지만 평균적으로 개나 고양이는 20년 내외로 생을 마감한다. 그래서 반려동물과 함께 산다는 것을 절대로 가볍게 생각해서는 안 된다. 사고가 나지 않는 이상 오랜 시간 나에게 온기를 나누어 주다 어느 날 나를 훌쩍 떠나게 될 것이기 때문이다. 초등학생 때부터 직장인이 될 때까지 꼬박 15년을 붙어살던 강아지를 떠나보낸 친구가 있다. 너무나도 큰 상실감에 다시는 그 무엇도 키울 수 없을 거라고 울던 친구는 5년이 지나고 나서야 마음의 정리를 끝내고 안락사의 위기에 놓인 유기견을 한 마리 입양했다. 무언가를 진심으로 사랑한다는 것은 언젠가 내게 필히 다가올 상실까지도 끌어안는 건 아닐까?

내 친구의 이야기처럼 소중히 여기던 것을 잃었을 때 우리에게는 선택의 기회가 있다. 슬픔에 무너져 내릴 수도 있고, 슬픔을 사랑의 증거로 삼아 더 큰 사랑으로 나아갈 수도 있다. 상실의 경험은 나를 구성하던 껍질을 한 겹 벗겨 낸다. 그 결과 나는 이전과 다른 감각으로 세상을 경험하게 된다. 상실의 시간이 지나가고 나면 피부는 다시 단단해지고 새살이 차오를 것이다. 그리고 당신은 슬픔이 무엇인지 아는 사람, 슬퍼하는 모든 이들에게 공감할 수 있는 넓은 마음을 가진 사람이 되어 있을 것이다. 그리고 내 친구가 그랬듯, 당신 또한 다시 사랑을 나눌 용기를 낼 것이다.

때로는 우리가 떠나보내는 것이 타인이나 반려동물 같은 존재가 아닐 때도 있다. 그것은 성공이나 명예, 또는 젊음과 같은 어떠한 상태일 수도 있다. 그 상태 역시 영원불멸한 우리의 소유

물이 아니다. 토크쇼 프로그램 '유퀴즈 온 더 블록'에 나온 그룹 방탄소년단의 멤버 슈가는 대한민국 국적 가수 최초로 미국 3대 음악시상식을 경험한 그들의 '뜻밖의 성공'을 두고 "상상 그 이상의 성공은 오히려 부담으로 돌아왔고, 하늘을 난다기보다 자유낙하 같은 공포였다"라고 말했다. 언젠간 다가올 상실에 두려워하던 자신의 이야기를 한 그는 뒤이어 "홀로 하는 추락이 아닌, 모두와 함께하는 착륙이라면 더 이상 마지막은 두렵지 않다"라며 불안에 대한 건강한 마음 자세를 덧붙였다.

삶의 다른 이름인 상실을 두려워하면 행복한 순간에도 마음 한편에 불안을 품게 된다. 또한 상실에 따르는 감정을 느끼고 싶지 않아 피하려고만 한다면 납부를 거부한 감정의 고지서를 잔뜩 돌려받게 될 뿐이다. 상실의 슬픔은 우리에게 누군가가, 무엇인가가 너무도 소중했다는 증거다. 우리가 사랑한 대상은 어딘가로 떠났을지라도 사랑은 여전히 남아 있다. 상실의 과정을 통과하며 우리는 삶이라는 책의 한 장章을 마무리하고 새로운 장을 써 나가게 된다. 그렇게 우리의 책은 한층 더 풍부한 내용으로 가득해진다.

5

무엇을 바라볼지
결정하는 주의와 의도

인간은 평생토록 뇌를 10%밖에 사용하지 않는다는 속설이 널리 퍼진 적이 있었다. 아직 잠들어 있는 뇌의 무한한 잠재력을 발휘해 볼 수 있다는 기대 때문이었는지, 우리가 뇌를 모두 사용하게 된다면 영화 〈루시〉처럼 초인적인 능력을 얻게 될 거라고 상상했을지도 모르겠다. 하지만 안타깝게도 이는 사실이 아닌 것으로 밝혀졌다. 뇌신경과학자들에 따르면 아주 단순한 행동을 할 때조차 뇌의 많은 부분은 함께 작동했다. 우리는 뇌를 거의 100% 사용하고 있던 것이다. 하지만 일상에서 우리의 능력을 충분히 발휘하지 못하고 있는 것은 사실이다. 주의를 집중해서 잠재력을 온전히 발휘하기에는 여러 훼방꾼의 방해를 받기 때문이다. 대표적인 훼방꾼이 바로 불안이다.

주의를 과소비하는 불안

우리 뇌는 끊임없이 몸의 감각과 외부 환경에서 홍수처럼 쏟아지는 정보를 처리해야 한다. 그러나 매 순간 처리할 수 있는 정보의 양에는 한계가 있기 때문에 뇌는 특별한 전략을 사용한다. 정보의 우선순위를 판단해서 중요한 정보는 취하고, 나머지는 잡음으로 여기고 무시하는 것이다. 이러한 메커니즘을 '주의'라고 하는데, 우리가 흔히 '주의를 집중한다'라고 말할 때 그 주의다. 주의를 집중하는 데는 상당히 많은 정신적 에너지를 필요로 한다. 그리고 불안은 이 주의 에너지를 소비한다.

불안하거나 초조할 때 시야가 좁아지는 느낌을 경험해 보았을 것이다. 지하철 안에서 갑자기 배가 꾸르륵 하고 참을 수 없는 신호가 왔다! 열차가 얼른 다음 정거장에 멈추기만을 바라며 발을 동동 구르는 동안에는 아무것도 눈에 안 들어온다. '화장실, 화장실…' 화장실 표시를 동물적인 감각으로 찾아내고는 우사인 볼트처럼 뛰어서 대참사를 막았다. 휴우, 여유를 되찾고 화장실을 나와 다시 걸어가는 길. 분명 아까 왔던 길인데 처음 보는 풍경 같다. 불안은 이처럼 우리 몸을 급박한 위협에 준비시키면서 쓸 수 있는 모든 주의를 소비한다.

　문제는 임박한 위협이 없는데 불안한 경우다. 불안이 큰 에너지를 들여 모든 주의를 끌어왔는데 정작 그 주의를 쓸 만한 대상이 마땅히 없다면 우리의 주의는 갈 곳을 찾아 헤매게 된다. 실제로 신체 증상에 예민하게 주의를 기울이다 보면 두근거리는 심장이나 어지러움을 크게 느끼기도 한다. 하지만 이럴 때 병원에 가서 검사해 보면 아무 이상이 없다는 결과지를 받게 된다. 이런 증상이 지속되면 지나치게 건강을 염려하는 '건강 염려증'이나 '신체화 장애'를 겪기도 하는데, 신체화 장애는 다양한 신체 증상을 호소하지만 막상 신체에는 이상이 없는 일종의 정신 장애다. 걱정한다고 해결될 리 없는 문제를 그저 불안해하고 있는 경우도 마찬가지다. 해결의 여지가 없는 문제에 주의를 집중해 봤자 주의 에너지는 의미 없이 낭비될 뿐이다.

　불안한 사람들 중에는 주의 집중에 어려움을 겪는 경우가 많다. 그들이 집중을 못한다거나 주의 집중하는 능력이 떨어지는 게 아니다. 정확히는 잘못된 목표물에 주의를 집중하는 것이다. 이들은 마음속에서 불안을 일으키는 것들에 주의를 빼앗긴 나머지 정작 필요한 일에 써야 할 주의 에너지를 고갈시키고 만다. 불안할 때는 이런저런 잡생각이 빠르게 지나가기도 하는데, 이때 오랜 시간 심도 있게 생각한 것 같지만 정작 어떤 것도 분명하게 결론을 짓지는 못한다. 불안이 야기한 여러 가지 생각에 주의가 분산되어 버렸기 때문이다.

주의를 기울이는 곳에 에너지가 있다 _____

심리학자 개리 에머리Gary Emery 박사는 불안한 사람들에게 다음과 같은 공식을 소개한다.

$$주의^{focus} = 에너지^{energy}$$

당신이 주의를 기울이는 곳으로 에너지가 따라오게 되어 있다는 의미다. 예를 들어 우리는 월요병에 우울해지는 일요일 저녁, 예능 프로그램에 깔깔거리다 보면 어느새 우울함을 잊고(물론 방송이 끝나면 다시 우울해지지만), 다리가 부러져 병원에 입원해 있을 때 좋아하는 만화책을 정주행하다 보면 잠시나마 병실의 답답함을 잊는다. 누구나 겪어 보았을 법한 일이다. 나의 주의를 어디에 기울일지 결정하는 것만으로 전혀 다른 상황을 경험하게 된다.

주의 에너지에는 두 가지 방향성이 있다. 하나는 밖에서부터 들어오는 주의, 다른 하나는 안에서부터 일어나는 주의다. 아무 생각 없이 길을 걷고 있을 때, 즉 아무것에도 주의를 기울이지 않고 있을 때는 외부로부터 주의 에너지가 들어온다. 유독 튀어나온 보도블록이나 자동차 경적 소리 등 눈에 띄는 외부 정보에 주의를 기울이게 되는 것이다. 반대로 의식적으로 안에서부터 주의 에너지를 일으킬 수도 있다. 새로 생긴 가게가 뭐가 있는지에 주의를 기울이며 걸으면 길에 보도블록이 있든 없든 가게 간판들만 내 시야에 들어오게 된다. 무엇을 볼지 선택하지 않으면 그저 보이는 것을 보게 되고, 생각하지 않으면 사는 대로 생각하게 된다.

어디에 주의를 기울일 것인가 의식해야 하는 또 다른 이유가 있다. 주의는 감정과도 밀접한 연관이 있기 때문이다. 하버드 의과대학의 뇌과학 연구에 따르면 의식적으로 긍정적인 정보에 주의를 기울이는 연습을 하면 편도체를 진정시키고 불안을 낮출 수 있다. 단지 긍정적인 것에 주의를 이동시키는 것만으로 불안한 감정을 잠재우고 긍정적인 감정과 에너지를 불러일으킬 수 있다는 것이다.

주의를 옮기는 연습은 생각보다 어렵지 않다. 잠깐만 오른손 엄지손가락에 주의를 집중해 보라. 책에서 오른손 엄지손가락으로 주의를 옮기는 일은 이렇게 간단하게 이루어진다. 방금 전까지만 해도 오른손 엄지손가락은 당신의 안중에 없었는데 말이

다. 이번에는 왼손 검지손가락에 주의를 옮겨 보라. 어느새 주의
에너지는 오른손에서 왼손으로 흘러갔다. 오른손 엄지손가락이
부정적인 정보고 왼손 검지손가락이 긍정적인 정보라고 생각해
보자. 오른쪽에서 왼쪽으로, 부정에서 긍정으로. 주의는 이렇게
간단하게 옮길 수 있다.

세상을 바라보는 모니터

자유자재로 주의를 이동할 수 있다면 그것만으로도 깊은 불
안에서 빠져나오는 데 큰 도움이 된다. 하지만 주의를 기울일 때
명확한 의도를 가지면 더욱 강력한 에너지를 발휘할 수 있다. 주
의 에너지에 '의도' 에너지가 합쳐지기 때문이다. 의도란 주의를
기울이는 이유라고 생각하면 된다. 의도 또한 주의 못지않게 강
력한 에너지를 갖고 있다. 얼마나 강력하냐면, 의도를 정하기만
해도 뇌에서 바로 효과가 나타난다. 행복해지겠다고 우리가 의
도를 정하는 것만으로도 뇌에서 도파민이 분비된다는 연구들이
이러한 견해를 뒷받침한다.

우리 뇌에는 '작동 기억'이라고 하는 것이 있다. 작동 기억이
란 여러 가지 정보 중에서 뇌가 우선순위를 부여한 중요 정보를
표시하는 모니터 같은 것이다. 이 모니터에 무엇을 띄울 것인지

는 의도에 따라서 결정된다. 그리고 이 의도는 뇌의 '전전두피질'이라는 곳에 전달되어 나머지 부분이 정보를 인지하는 방식도 바꾼다. 예를 들어, 어떤 시각 정보에 주의를 기울이겠다는 의도를 갖는 것만으로도 우리의 눈과 뇌는 그와 유사한 정보를 가진 시각 이미지를 더 잘 감지하게 된다.

이와 관련된 실험이 하나 있다. 참가자들은 동그란 컵을 쥐거나 가리키거나 아무것도 하지 않도록 지시받았다. 그러고 나서 여러 동그라미 이미지들 가운데 혼자 밝기나 크기가 다른 동그라미를 찾는 과제를 수행하도록 했다. 결과는 컵을 쥐거나 가리키려는 의도를 가진 참가자들이 다른 특성을 가진 동그라미를 훨씬 더 잘 구별해 냈다. 반면 아무것도 하지 않도록 지시받은 참가자는 모든 동그라미에 똑같이 반응했다. 컵을 쥐거나 가리키는 단순한 행위(의도)가 컵의 동그란 모양(감각 정보)에 주의를 기울이도록 해서 동그라미 이미지의 차이를 더 잘 찾아낼 수 있었던 것이다.

이것은 뇌의 CEO라고 할 수 있는 전전두피질의 의사결정이 시각, 청각, 촉각 등 감각 정보를 받아들여 해석하는 뇌의 감각피질에 영향을 미치기 때문이다. 정리하자면 우리가 어떤 의도를 가지고 있는지에 따라 세계를 보고 듣고 느끼는 우리의 감각 자체가 달라질 수 있다. 이렇게 강력한 주의와 의도를 의식하고 충분히 활용하는 연습을 해 보자. 그럼 우리는 불안에 에너지를 빼앗기지 않고 보다 중요한 일에 잠재력을 발휘하게 될 것이다.

6

앞으로 나아갈 방향과
인생의 나침반

　나처럼 길치인 이들에게 스마트폰의 지도 애플리케이션은 삶의 질을 수직 상승시켜 주는 고마운 도구다. 국내는 물론이고, 해외에서도 이 앱의 아이콘만 누르면 가야 할 방향과 경로를 알 수 있으니 이제는 생전 처음 가는 곳이라도 전혀 불안하지 않다. 만약 인터넷이 불안정하여 경로를 안내받을 수 없더라도 '현재 내 위치'를 확인하면 방향을 헤맬 일도 거의 없다. 이러한 지도가 우리 삶에도 있으면 얼마나 좋을까? 중요한 결정을 내려야 하는 순간마다 의지할 수 있는 정확한 나침반이 있다면! 그런데 사실 우리 모두는 이미 삶의 나침반을 하나씩 가지고 있다. 단지 스마트폰처럼 자주 들여다보지 않을 뿐이다. 그 나침반의 이름은 바로 '가치'다. 방향을 모르고 가는 길은 불안할 수밖에 없다. 우리 인생의 가치를 모른다면 삶이 막연해질 수밖에 없다.

가치가 가리키는 삶의 방향

일주일의 휴가가 주어졌을 때 시간을 보내는 방식은 각양각색이다. 누군가는 잠을 푹 자면서 집에서 완전한 휴식을 취하고 누군가는 빡빡한 일정이라도 여행을 떠난다. 여행을 가더라도 휴양지에서 여유로운 시간을 즐기는 사람이 있는가 하면, 많이 걷고 교통편을 여러 번 갈아타더라도 가능한 많은 곳을 보려는 사람도 있다. 전부 어디에 가치를 두고 있느냐에 따른 차이다. 어떤 이에게는 휴식과 재충전이 제일의 가치고 다른 이에게는 새로운 경험이 제일의 가치다. 단 일주일도 이러하니, 우리가 추구하는 가치가 인생에 강력한 영향을 미칠 것은 자명한 사실이다.

이토록 삶에 중요한 가치는 우선 주관적이라는 특성을 가진다. 나에게 가치 있는 것이 다른 사람에게 동일한 가치가 있는 것은 아니다. 그러니 누구도 타인이 삶에서 추구하는 가치에 대해 왈가왈부할 수 없다. 그들의 삶을 대신 살아 줄 수 없으니 말이다. 우리는 각자 자기 자신의 삶에 대해서만 가치를 정하고 누릴 자유와 책임이 있다. 어렸을 때는 보통 부모님이 추구하는 가치를 마치 물려받듯이 똑같이 갖게 되는 경우가 많지만, 차차 혼자서 세상을 경험하며 나만의 가치를 그려 나가게 된다.

가치는 또한 영속적이다. 스트레스를 받으면 단 게 당길 때가 있다. 이때 달달한 사탕이나 초콜릿을 먹으면 즉시 욕구가 충족된다. 이처럼 원초적이고 즉각적으로 충족되는 욕망은 가치와 거리가 멀다. 나침반이 변덕스럽게 남과 북을 바꿔 가리킨다면 가리키는 방향을 믿을 수가 없게 되니 더는 쓸모가 없어진다. 가치는 다이아몬드처럼 변하지 않는다. 다만 반지를 바꿔 끼듯이, 살면서 다른 가치로 바꿀 수는 있다. 여기서 포인트는 바꾸었다고 해서 가치 자체가 변하는 것은 아니라는 점이다. 내 손가락을 떠났다고 다이아몬드 반지의 가치가 떨어지지는 않는다. 삶에서 각자가 선택하는 가치도 그러하다. '도전'이 가장 큰 가치였던 사람이 '안정'으로 우선순위를 바꾼다고 해서 도전의 가치가 무색해지지는 않는다. '가치'의 가치는 언제나 그대로다.

그럼 가치가 있는 곳에만 행복이 있다는 걸까? 맛있는 음식과 즐거운 대화는 분명 나에게 행복 그 자체다. 무엇이 다른 걸까? 그 대답은 아리스토텔레스Aristotles에게서 찾을 수 있다. 그는 인간이 느끼는 행복에는 두 가지 종류가 있다고 주장했다.

첫째는 인생의 목적을 추구하는 데서 오는 '에우다이모니아 eudaemonia', 둘째는 도파민을 분비시키는 단기적이고 즉각적인 '헤도니아 hedonia'다. 그중에서 가치는 에우다이모니아와 밀접한 관련이 있다. 가치 있는 목적지로 향하는 과정이라면 과정 중에 어려움이 있어도 올바르게 가고 있음을 안다. 그렇기에 당장 눈앞에 성과가 없더라도 에우다이모니아적 행복을 누릴 수 있다. 이러한 유의 행복은 일이 잘 풀리지 않을 때나 목적을 이루기 위해서 견디고 인내하는 과정에서 계속해서 나아갈 수 있게 하는 원동력이 되어 준다.

가치를 잊은 목표는 공허하다

가치와 목표를 비교해 보면 가치의 의미를 더욱 선명히 알 수 있다. 가치는 목표보다 더 큰 개념이다. 목표는 가치로부터 태어나고, 가치를 이루기 위한 수단으로서 의미를 갖기 때문이다. 민주화 투쟁과 민주주의로 이 관계를 비유하자면, 민주화 투쟁은 목표고 이 목표의 가치는 민주주의인 것이다. 만약 투쟁 자체가 가치가 되면 세상은 혼란에 빠질 것이다. 가치는 목표의 방향성을 설정하고, 목표의 생명력을 유지하기 때문에 중요하다. 가치와 멀어진 목표는 그 존재 이유를 잃는다. 부자만 되면 행복할

줄 알았는데 복권 당첨 후에 오히려 삶이 더 망가진 사람들, 꿈을 이루고 유명세를 얻은 뒤에 마약이나 도박에 빠져 씁쓸한 결말을 맞는 사람들의 문제는 무엇일까?

가정의 행복을 인생의 가치로 삼는 사람이 있었다. 그는 안정적인 생활 기반을 마련하기 위해 직장에서 헌신적으로 일했다. 그런데 아이를 낳고 나니 월급으로는 이상적인 생활이 어렵다는 판단이 들었다. 그래서 회사를 창업했고 365일 밤낮으로 회사 일에 몰두한 결과, 성공한 CEO가 되었다. 하지만 그러는 동안 아이는 성인이 되어 버렸다. 다 큰 아이와 어색한 공기 속에서 라면 면발처럼 끊어지는 대화를 나누며 그는 생각한다. '내 행복은 어디 간 거지?' 그의 목표는 가치를 잊은 채로 너무 오래 달려 왔다.

가치는 목표를 빚어낸 후에 슬며시 뒤로 물러난다. 그럼 목표가 전면에 자리하며 우리 머릿속을 꽉 채워 버려서 자신이 추구하던 가치가 무엇이었는지 잊어버리기 쉽다. 게다가 인생에는 해치워야 하는 골칫거리들이 매일매일 생겨나기 때문에 우리는 그것을 피하기 위해 계속해서 핸들의 방향을 틀게 된다. 그래서 막상 목표 지점에 도달해 보면, 위 이야기의 CEO처럼 처음의 가치와 지금의 삶이 굉장히 동떨어진 경우가 생긴다. 가치를 잃어버린 목표는 공허할 뿐이니 이런 목표들로 삶을 채운다면 삶 또한 공허해지기 십상이다. 영속적인 가치와 달리 목표는 그곳에 도달하든 못 하든 시간이 흐르면 결국 의미가 퇴색된다.

이렇게 당신이 가치를 잊고 목표를 엉뚱한 데 꽂으면, 불안은 가치로부터 멀어진 당신에게 '경로를 이탈하였습니다'라며 신호를 보내기 시작한다. 열심히 달리는 도중에 불안하다면 혹시 내가 엉뚱한 목표를 세운 것은 아닌지 돌아보자. 그리고 목표를 이루고 나서 왠지 모를 공허함과 여전한 불안감이 느껴진다면 처음 품었던 가치가 지금도 유효한지 확인해 보자. 창의성과 자율성의 표현이 중요한 가치인 사람이 타인의 가치에 휩쓸려 공무원 시험을 열심히 준비하고 있지는 않은지, 행복한 가정이라는 가치를 꿈꿨지만 정작 집에는 들어가지도 못하고 있지는 않은지. 별문제 없이 만족스럽게 살고 있으면서도 '혹시 내가 잘못 살고 있는 건 아닐까' 하는 막연한 불안이 문득 올라온다면 다시 한번 가치를 점검할 때다.

나침반 위 먼지 털기

나의 심리 상담사 선생님은 공황을 이렇게 바라본다고 하셨다. '할 수 있는 모든 노력을 다해도 도저히 바꿀 수 없는 현실과의 싸움에서 진 사람이 느끼는 깊은 무력감의 신체적 표현.' 공황을 겪기까지의 개인적인 경험을 돌아보며 선생님의 해석에 깊이 공감했다. 이어 과거에 겪었던 우울은 '삶의 의미와 방향 감각을 완전히 상실한 사람이 느끼는 무기력감'이 아닐까 하고 생각해 보았다. 삶이 자신의 가치와 멀어지면 그 어떤 것에도 보람을 얻을 수 없으니 자신을 지탱하는 근본적인 에너지가 소진된다.

그럴 때는 나만의 '가치 목록'을 작성하여 자신에게 중요한 가치를 일깨우는 것을 추천한다. 먼지가 수북이 쌓인 가치 나침반을 꺼내 보자. 가치 나침반은 바닥난 연료를 충전해 주는 주유소 역할도 한다. 게다가 자주 꺼내 볼수록 나침반의 바늘은 정교해진다. 아래에 소개하는 활동은 채드 르쥔느의 『마음의 병 불안·걱정 치유법』에서 소개된 훈련 가운데 하나를 참고했다.

① 작게 자른 종이 여러 장과 펜을 준비한 다음, 종이에 가치 있는 활동을 떠오르는 대로 최대한 많이 적는다. 테마를 나름대로 정해서 그 안에서 하고 싶은 일을 떠올려도 좋다.

> [휴식과 여유] 집에서 혼자 책을 읽거나 영화를 보기
>
> [인간관계와 소통] 부모님과 함께 여행을 가서 속 얘기 꺼내기
>
> [신체적 건강] 매일 2ℓ 물 마시기, 주3회 운동하기
>
> [직업적 성취] 3년 뒤 연봉 $n\%$ 인상하기
>
> [봉사와 나눔] 어려운 환경에 있는 아이들을 후원하기
>
> [학습과 성장] 영상 편집 툴 공부
>
> [인격적 성숙] 화가 나더라도 뒷담화는 하지 않기
>
> ⋮

② 모든 종이가 한눈에 보이도록 펼쳐 놓고, 이 모든 경험으로 가득한 삶을 상상해 본다.

③ 이제 여기서 한 가지를 포기해 보자. 포기하기로 결정한 카드는 한쪽에 따로 빼 둔다.

④ 총 5장이 남을 때까지 위 과정을 반복한다.

⑤ 남아 있는 활동들이 어떤 만족감을 주고 누구와 함께하는 것인지, 비용이 얼마나 들고 실현할 수 있는 활동인지, 활동 간 공통점은 무엇인지를 살펴보자.

최종적으로 살아남은 활동은 당신이 삶에서 가장 중요하게 여기는 가치를 반영하는 것이다. 이것들을 가치 목록이라는 이름으로 자주 꺼내 볼 수 있도록 핸드폰 속 메모에 저장해 두거나 방 안에 붙여 두자. 이 가치 목록이 삶에 여러 목표와 그 안에 소소한 루틴을 만들 때 명확한 가이드라인이 되어 줄 것이다. 목표와 루틴이 진정 원하는 가치를 기반으로 한 것이 아니라면, 또는 가치가 무엇이었는지를 잊는다면 당신의 엔진은 반드시 이상을 일으킨다.

물론 삶의 가치는 바꿀 수 있는 것이기에 가치 목록 역시 계속 수정할 수 있다. 대체로 삶의 단계에 따라 가치는 바뀌게 된다. 그러니 1년마다 또는 2-3년마다 이 작업을 다시 하며 현재와 과거를 비교해 보는 것도 의미 있는 작업이 될 것이다. 과거의 내가 추구하던 가치에서 현재의 내가 추구하는 가치가 얼마나 달라졌는지, 혹시 방향을 잃지는 않았는지 가치 목록을 통해 정기적으로 점검해 보자.

7

반응하는 삶이 아닌
선택하는 삶으로

강아지는 던져진 공을 쫓아 달려간다. 고양이는 빠르게 움직이는 깃털에 반응해서 사냥 모드에 돌입한다. 강아지나 고양이보다 뛰어난 지성을 가졌다고 자부하는 인간도 실은 비슷하게 반응하며 살아간다. 동료의 지적에 버럭 화를 냈다면 당신은 강아지처럼 반응한 것이다. 결과에 대한 불확실함과 걱정 때문에 꿈꿔 오던 도전을 목전에 두고 포기했다면 당신은 고양이처럼 반응한 것이다. 하지만 우리는 인간으로서 동물들과 다르게 자극에 반응할 뿐 아니라 어떻게 살아갈지 스스로 선택할 수 있기에 특별하다.

삶은 B와 D 사이의 C

사르트르는 "삶은 B^birth와 D^death 사이의 C^choice"라고 말했다. 탄생과 죽음, 시작과 끝 사이의 선택, 선택, 선택… 이 땅에 태어난 것도 때가 되어 어딘가로 돌아가는 것도 내 의지대로 되는 일이 아니다. 인생의 처음과 끝을 마음대로 할 수 없으니 우리는 사르트르의 말처럼 세상에 '던져진' 존재일지도 모른다. 누가 던졌는지도 모르고 던져진 존재. 하지만 처음과 끝을 뺀 모든 순간, 즉 우리가 삶이라고 부르는 모든 순간에 우리는 단순히 던져진 존재 이상이다. 우리는 자신의 삶을 무엇으로 어떻게 채울 것인지 스스로 선택할 수 있다.

많은 이들이 이미 선택의 중요성을 알고 있다. 불확실성에 대해 다룬 장에서 보았듯이 사람들이 인생의 큰 선택을 앞두고 갑자기 사주나 신점을 보러 가는 건 그 때문이다. 어렸을 때는 우리 앞에 열린 가능성이 무수했으며, 한 가지 선택이 인생에 미치는 영향력이 미미했다. 하지만 나이가 들면서는 문 하나를 열고 들어감과 동시에 수많은 다른 가능성의 문이 닫히는 소리가 귓전을 때린다. 게다가 한 번 잘못된 선택의 결과는 무척 되돌리기 어렵다. 바로잡을 수 있다 해도 큰 기회비용을 지불하게 된다. 몇 년의 시간을 낭비하기도 하고 평생 모아 온 돈을 날리기도 한다.

그러나 사르트르가 삶이 선택으로 가득 차 있다고 말할 때 그가 진정으로 전하는 메시지는 '그러니 신중히 선택하라'가 아니다. 삶에서 크고 중대한 선택은 극소수다. 오히려 인생을 가득 채우는 것은 자신이 선택하고 있는지도 모르는 채 이루어지는 작고 미묘한 선택이다. 여전히 자신이 엄마에게 자랑스러운 딸인지 확신이 없던 친구가 대놓고 그녀의 어머니에게 물어보았단다. "엄마는 언제 내가 가장 자랑스러웠어?" 아주머니는 물끄러미 친구를 바라보다 대답하셨다. "글쎄, 네가 자랑스럽지 않았던 적이 없는데." 이 말 한마디는 내 친구에게 굉장히 큰 위로와 격려가 되었다고 한다. 분명 아주머니는 다른 말을 하실 수도 있었다. 하지만 당신의 딸을 보며 내린 아주머니의 작은 선택은 그냥 흘러가 버릴 수도 있었던 평범한 순간을 평생 잊지 못할 특별한 순간으로 바꾸었다. 작고 미묘한 선택의 순간에는 언제나 가장 소중한 자유가 숨어 있다.

3년 전쯤, 허리디스크 시술을 받던 아버지는 도중에 왼쪽 다리에 신경 마비가 오는 의료 사고를 겪으셨다. 다음 날이면 퇴원한다는 간단한 시술을 받으러 가셨다가 맞게 된 날벼락에 모두가 충격에 빠졌다. 신경이 언제 회복될지 알 수 없었다. 자식으로서 제일 힘들었던 건 부모님의 무겁고 어두운 표정을 보는 것이었다. 나는 이 모든 상황을 뒤덮은 엄마의 작은 선택의 순간을 잊을 수가 없다. 엄마는 어둠 가운데 희미한 빛을 보기로 선택하셨다. 희미하게나마 보이는 회복의 징조들을 바라보기로. 더 나쁠 수도 있었던 상황에서 엄마는 감사할 것을 찾아내기로 마음먹으신 거다. 엄마의 표정이 바뀌자 모든 사람의 표정이 바뀌었다. 가족 모두는 회복을 믿었고 그 힘든 순간에도 미소를 잃지 않을 수 있었다.

가스탱크 안에서 성냥에 불을 붙이면 _____

여러 심리 문제를 해결하는 데 효과적인 치료법으로 인정받는 '수용 전념 치료'가 있다. 스티븐 헤이즈가 창안한 이 요법의 핵심은 처음부터 불안을 맞서 싸워야 하는 문제로 보지 않는 것이다. 불안을 포함한 모든 감정과 생각은 선택에 있어 필수적인 준비물이 아니다. 그러니 그것들을 있는 그대로 두고, 중요하게 여겨야 할 가치와 그에 따른 행동에 전념할 수 있도록 환자를 이끄는 것이다. 수용 전념 치료를 개발한 이들이 들려주는 이야기를 들어 보자. 아래의 두 가지 이야기는 모두 매우 은유적이다. 하지만 선택을 할 때 우리가 기억해야 할 몹시 중요한 내용을 담고 있다.

가스탱크에 사는 남자와 물탱크에 사는 여자가 있다. 가스탱크 안은 가스로 가득하고 약간의 연기로 뿌옇기는 해도, 이곳에서 오래 살아온 남자에게는 더없이 아늑한 집이다. 물탱크에 사는 여자의 집은 어떨까? 물이 무릎까지 차 있어서 습하지만 이 환경에 익숙한 여자에게 물탱크는 편안한 쉼을 주는 공간이다. 그리고 남자와 여자는 사이좋은 친구라서 종종 서로의 집에서 함께 식사를 한다.

어느 날, 여자의 집에서 함께 저녁 식사를 하던 남자의 눈길을 사로잡은 것이 있었다. 바로 식탁을 밝히는 촛불이었다. 따뜻한 온기와 불빛이 남자의 마음에 쏙 들었다. 남자는 여자에게 양초와 성냥을 받아 왔다. 집으로 돌아와 멋진 분위기를 기대하며 남자가 성냥을 긁은 순간… 펑!!!

이 이야기에서 폭발의 원인은 무엇일까? 성냥? 순식간에 집을 잃은 남자는 성냥을 원인으로 지목할 것이다. 하지만 여자는 성냥이 원인이라는 데 동의할 수 없다. 여자의 집에서 성냥은 단 한 번도 문제를 일으키지 않았기 때문이다. 여자는 남자의 집에 차 있던 가스가 문제였다고 말할 것이다. 이번에는 남자가 동의할 리 없다. 남자는 그동안 가스탱크에서 아무런 문제없이 잘 살아왔기 때문이다. 이쯤에서 정답을 발표하자면, 폭발을 일으킨

원인은 그냥 성냥이 아니라 '가스탱크라는 환경에서 불붙은 성냥'이다.

우리 마음에서 터지는 문제들도 대부분 이런 식으로 일어난다. 외부의 자극(성냥)이 내부의 환경(가스탱크)과 상호작용하여 폭발을 일으키는 것이다. 불안을 통제하고 억누르려는 마음으로 가득 찬 가스탱크에 불안을 유발하는 외부 자극이 더해지면? 결국 폭발한다. 하지만 불안을 수용하는 사람은 마음에 창문을 열어, 집 안 가득 차 있는 가스를 내보낸다. 그러면 불안을 일으키는 외부의 자극이 있어도 폭발하지 않는다. 물론 그러기 위해서는 불씨를 일으키기 전에 내 마음에 가스가 가득 차 있음을 인지해야 한다. 그러나 우리는 내 마음의 환경이 어떤 상태인지 인지하지 못한 채로 자극에 즉각적으로 반응하면서 살아간다. 망치로 무릎뼈 아래 힘줄을 치면 아랫다리가 위로 올라가는 무릎반사 반응처럼 빠르고 무의식적이다. 운이 좋으면 무사하겠지만 아니라면 폭발한다. 선택한다는 것은 집 안에 성냥을 가져올지 고르는 것뿐만 아니라, 마음의 환경을 의식적으로 조정하는 일까지 포함된다.

인생이라는 버스의 운전사

수용 전념 치료의 정수가 담긴 이야기를 하나 더 소개한다. 여기에는 조금 더 직접적인 인생의 은유가 담겨 있다.

당신은 인생길을 운전하는 버스의 운전사다. 버스는 당신이 추구하는 가치에 따라 목적지를 향해 간다. 그 과정에서 여러 정류장에 멈추게 되는데, 각 정류장은 다양한 '삶의 경험'을 의미한다. 정류장에 멈춰 설 때마다 많은 승객이 버스에 올라탄다. 승객들은 경험과 관련된 감정과 생각들이다. 어떤 승객은 말끔하고 좋은 향이 나는 반면 어떤 승객은 지저분하고 불쾌하다.

그때 '새로운 일에 도전하기'라는 정류장에서 두 명의 승객이 올라탄다. 걱정과 불안이다. 걱정 승객은 "나보다 뛰어난 사람이 너무 많은데?"라고 말하고 불안 승객은 "이번에도 실패하면 난 끝이야"라고 부산을 떠느라, 버스 안이 소란스럽다.

몇 번 주의를 줬음에도 잡음이 계속되자 당신은 이들을 내쫓기로 한다. 버스를 멈춰 세우고 실랑이를 벌이느라 하루가 다 갔다. 운전사가 운전대에서 내려왔으니 버스는 목적지까지 가지 못한 채 멈춰 있다.

이에 당신은 전략을 바꾸어, 더 이상의 불쾌한 승객을 피하고
자 정류장들을 그냥 지나치기 시작한다. 거기다 불안이라는
승객과 교묘한 타협도 한다. 불안이 소란을 피우지 않고 얌전
히 있는 대신, 원래의 노선을 벗어나 불안이 원하는 대로 가
기로 한 것이다. 이렇게 당신은 버스의 운전대를 잡고 있지만
진정 당신이 원하는 곳으로 갈 수 없는 상황에 몰리고 만다.

이 이야기가 말하고자 하는 첫 번째 메시지는 승객(감정과 생
각)과 싸우지 말라는 것이다. 이 실랑이는 운전사인 당신의 가장
중요한 업무를 심각하게 방해한다. 당신은 목적지를 향해야 하
고, 승객들은 당신의 버스에 잠시 머물 뿐이다. 두 번째 메시지
는 당신의 승객 때문에 목적지로부터 방향을 틀지 말라는 것이
다. 승객의 소란 때문에 방향을 바꾸는 것은 스스로의 가치에
따라 삶을 선택하는 것이 아니라 외부 자극에 반응하는 것이다.
이 두 가지만 기억한다면 우리는 그 어떤 방해와 훼방에도 불구
하고 가치를 지닌 목적지를 향해 나아가기로 선택할 수 있다.

원인이 모호하다 싶은 불안과 두려움을 자세히 파헤쳐 보면
대부분 사회나 타인의 믿음을 아무런 의심 없이 받아들인 것에
불과하다. 불안과 두려움, 자기 의심을 충분히 느낄 수 있는 것
으로 받아들이되 그것에 과도한 중요성을 부여하지 말자. 어떤

생각과 감정이 들어도 우리는 추구하는 가치에 따라 맞는 행동을 선택할 수 있다. 어떤 생각과 감정이 나타나면 그것이 내게 도움이 되는지 해가 되는지 끝까지 관찰하자. 해가 된다면 마음의 환경을 조정하기로 선택하면 된다. 무언가를 피하기 위한 삶을 멈추고 자신이 진정 원하는 삶을 사는 일은, 당신이 B와 D 사이에 어떤 C를 채우는지에 달려 있다.

8

누구나 자신의 삶을 살고자
이 땅에 온다

"아모르 파티$^{Amor Fati}$." 독일의 철학자 니체$^{Friedrich Nietzsche}$는
자신의 운명을 사랑하라고 말했다. 운명을 사랑한다는 게 무슨
뜻일까? 삶에 일어날 일들은 모두 정해져 있으니 받아들여라?
아니, 그의 말은 자기 운명의 주인이 되라는 뜻이다. 그럼 살아
가며 어떤 일을 경험하더라도 그것에서 의미를 찾고 기쁨을 누
릴 수 있기 때문이다. 다른 사람의 집에 오래 있으면 어딘가 불
편하지만, 내 집에 있으면 편안하기 마련이다. 마찬가지로 자기
운명의 주인으로 살아가면 마음이 편안해진다. 운명을 사랑하
는 데 도움이 되었던 영화와 이야기를 각각 하나씩 소개하고자
한다.

태어나고 싶지 않았던 영혼

영화 〈소울〉은 꿈과 희망의 대표 격인 디즈니와 픽사의 영화임에도 주인공의 죽음으로 시작한다. 과정은 이러하다. 주인공 조는 프로 재즈피아니스트라는 꿈을 간직한 채 비정규직 음악교사로 살던 중 일생일대의 기회를 잡게 된다. 그토록 바라던 꿈의 무대에 도로테아라는 유명 연주자와 함께 서게 된 것! 너무나 기쁜 나머지, 앞도 제대로 안 보고 뛰어가던 조는 그만 공사 중인 맨홀에 빠져서 어이없는 죽음을 맞이한다.

그렇게 사후 세계인지 뭔지 모를 공간으로 떨어진 조는 수백 년째 태어나기를 거부하고 있는 영혼 '22'를 만난다. 그곳은 알고 보니 지구에 태어날 영혼들을 돌보는 일종의 어린이집이었던 것이다. 태어나지 않은 아기 영혼들은 그곳의 교육자인 제리들의 지도에 따라 각자의 취향과 성격 등 여러 개성을 발견하게 되는데, 그 과정에서 '불꽃'이 생기면 지구에서 태어날 수 있는 지구 통행증을 받는다. 수백 년 동안 태어나지 않고 있던 22의 문제는 바로 그 불꽃이었다. 불꽃이란 열정과 유사한 것으로, 한마디로 설명하기는 어렵지만 모든 영혼들은 무조건 그게 있어야만 태어날 수 있다. 그런데 어째서인지 22에게는 무슨 짓을 해 보아도 불꽃이 생기지 않았다. 무엇보다 그는 "굳이 태어나야 해?"라고 되물으며 지상의 삶을 원하지도 않아 했다.

반면 조는 어떻게 해서든 삶으로 돌아가야 했다. 죽더라도 평생 꿈꿔 온 무대는 해 보고 죽어야 했다. 그래서 두 영혼은 거래를 한다. 22의 불꽃을 찾도록 도와서 지구통행증이 생겨나면 조가 대신 넘겨받는 것이다. 22는 그럼 영원히 태어나지 않을 수 있겠다며 이 제안을 환영한다. 그리고 우여곡절을 겪으며 조는 22와 함께 지구에 떨어지게 된다. 고양이의 몸 안으로 조의 영혼이 들어가고 22가 대신 조의 몸에 들어가는 등 한바탕 소동이 벌어졌지만, 끝내 조는 22를 '그곳'으로 돌려보내고 무사히 다시 본인의 몸으로 돌아와 재즈 무대를 성공적으로 마친다.

"이제 어떻게 되는 거죠?" 공연의 여운에 잠긴 조가 도로테아에게 물었다. 그러자 그는 내일도 이렇게만 연주하면 된다고 답했다. 조는 잠시 할 말을 잃는다. 꿈을 이루고 나면 삶이 180도 달라질 거라 믿었는데, 도로테아의 말에서 자신이 평생에 걸쳐 느껴 왔던 익숙한 공허함을 느꼈기 때문이다. 당황한 조의 얼굴을 본 도로테아는 의미심장한 이야기를 해 준다. 어떤 젊은 물고기 이야기다.

젊은 물고기는 나이 든 물고기를 찾아가 물었다.

"전 바다를 찾고 있는데요."

나이 든 물고기가 답했다.

"네가 있는 곳이 바다란다."

젊은 물고기는 기대한 답이 아니라는 듯 이렇게 말했다.

"여긴 그냥 물이잖아요. 제가 원하는 건 바다라고요!"

이야기를 들은 조는 멍한 상태로 집으로 돌아온다. 그러고
는 주머니 속 웬 잡동사니들을 꺼내 보며 우연히 조의 몸 안에
들어와 말 그대로 '삶'을 경험했던 영혼 22를 떠올린다. 22는 조
의 몸을 통해 뉴욕의 길거리를 걸으며 난생처음 들리는 도시 소
음에 공포를 느꼈고, 걷다 보니 배고픔을 느꼈으며, 고양이 조가
어디서 훔쳐 온 피자 한 조각을 맛봤다. 노을 지는 하늘을 바라
보았고 조의 엄마에게서 잔소리도 들어 보았다. 그 경험이 꽤나
소중했던 22는 그 경험들의 모양새를 조의 양복 주머니에 넣어
놓았던 것이다. 먹다 남은 피자 꽁다리, 바람에 실려 날아온 나
뭇잎, 엄마의 실 뭉치. 영혼 22는 처음으로 인생을 살아 보고 싶
어 했다. 그리고 그 순간 22의 불꽃이 생겨났다.

영화의 후반부에 조는 22를 만나기 위해 다시 '그곳'으로 돌
아가게 된다. 불꽃이 생긴 22는 지구로 갈 수 있게 되었고, 조와
마지막 인사를 나눈다.

조: 준비됐어?

22: 뭐라고?

조: 살아 볼 준비.

22: 조, 나는 태어나는 게 너무 무서워.

　　분명 잘 못해 낼 거야.

(…)

조: 불꽃을 찾았잖아. 살아갈 자격은 충분해.

　　그리고 너 재즈jazzing* 잘하던걸?

　영화 속 22는 다름 아닌 내 모습이었다. 직접 겪어 보지도 않고 생각만으로 다 아는 척하지만, 겁은 또 엄청 많다. 나도 아마 태어나기 전부터 그랬을 것이다. 바보 같은 내 모습을 거울에 비춰 본 것만 같아서 영화를 보는 내내 눈물 콧물이 마를 새 없이 흘러내렸다. 그리고 내 영혼과 대화를 나누고 싶어졌다.

---

* 　영화 속에서 22가 말한 단어로, 재즈의 즉흥 연주처럼 주어진 일상에 온전히 집중하고 매 순간을 음미하며 살아가는 것을 말한다.

내가 기획한 인생이었다면

영혼: "네가 왜 태어났는 줄 알아?"

나: "왜 태어났냐고? 그냥 우연 아냐? 모르겠는데."

영혼: "두려움을 뛰어넘을 정도로 꼭 살아보고 싶은 어떤 이유가 있었던 게 아닐까."

나: "글쎄… 여전히 잘 모르겠어."

영혼: "들어 봐. 누구나 태어나기 전에 신과 마주 앉아서 이야기를 나눈대. 그때 자신이 이번 삶을 통해서 느끼고 싶은 것, 배우고 싶은 것 모두를 상세하게 신에게 얘기한다는 거야. 그럼 신은 네가 얘기한 대로 들어준다는 거지. 단지 이 땅에 오면서 그 기억을 잊을 뿐이고."

상담사 선생님이 해 주신 이야기에 살짝 살을 붙인 이야기다. 조가 도로테아에게서 '바다를 찾는 물고기' 이야기를 들었을 때 이런 기분이었을까? 나는 삶이 힘들고 버거울 때마다 탓할 것을 찾곤 했다. 하지만 딱히 탓할 데도 없으니 늘 우연의 탓으로 돌렸다. 왜 우연히 '나'라는 존재가 생겼을까, 왜 내가 이런 힘든 일을 겪어야 하는 걸까? 하지만 우연은 이유가 없으니 따져 물을 대상도 없었다. 내가 내 운명의 주인이라는 느낌은 전혀 들지 않았다.

　그런데 만약 모든 게 내 선택이라면 어떨까? 더 많은 걸 가지거나 더 잘나게 태어나는 대신 모든 우여곡절을 선택한 게 바로 나 자신이고, 신은 그것을 이루어 줬을 뿐이라면? 기억을 못 해서 그렇지, 때로는 진흙탕 같은 삶일지라도 여기서 느끼고 배우고 싶은 게 있었다면… 도대체 그게 무엇일까? 나는 정말로 궁금해졌다. 그러자 삶을 바라보는 시각이 완전히 달라졌다. 그것이 무엇이든 내가 발견할 수 있기를 기도하며, 내 삶의 매 순간이 지닌 의미를 생각해 보게 되었다. 나는 더 이상 우연히 던져진 삶에 겨우 붙어 있는 것이 아니라, 내게 주어진 일기일회一期一會에 매 순간 감사를 느낀다.

　신을 믿지 않는다면 굳이 신이라고 부르지 않아도 좋다. 운명이라 불러도 좋고, 모든 것을 알고 있는 우주적 지성이라 불러도 좋다. 하여튼 우리보다는 큰 무엇이 나와 함께 나의 인생을 공동으로 창조했다고 생각해 보자. 그럼 내가 나인 데는 스스로 선택한 이유가 있다는 뜻이 된다. 어느 용감한 영혼은 자립하는 법을 배우려고 잠시간 인생에서 외로운 시간을 선택했을 것이고, 스스로를 사랑하는 용기를 배우고자 번번이 이별하는 경험을 선택한 영혼도 있을 것이다. 자신의 삶을 스스로 기획했을지 모른다는 생각은 자신의 상황과 화해하고, 있는 그대로 나의 삶을 사랑하게 만드는 마법의 주문이다.

살다 보면 무작위로 찍은 점들이 결국 하나의 선으로 이어지는 느낌이 들 때가 있다. 고난을 겪던 당시에는 그게 무슨 의미가 있는지 알 수 없었다. 그러나 시간이 지나고 돌아보면 그 일로 인해 무언가를 배우고 조금 더 성숙해진 것을 깨닫는다. '그래, 이러려고 그때 그랬나 보다.' 지금도 여전히 의미를 알 수 없는 점들이 있다. 앞으로도 그럴 것이다. 하지만 이제는 모든 점위에 서서 우연이나 운명을 탓하는 대신 내 영혼에게 묻는다. '이 일을 통해서 무엇을 배우고 싶었던 걸까? 마지막의 마지막에는 내가 그걸 배울 수 있을까?' 이 질문을 통해 나는 내 운명의 주인이 된다.

당신의 영혼이 바라 왔던 삶은

영화 〈소울〉의 세계관 안에서 생각하자면, 아직 태어나기 전영혼이었을 때의 우리는 불확실한 인생에서 무언가를 느끼고 배우겠다는 기대를 품고 이 삶을 택했을 것이다. 반면 막상 인생을 살던 조는 늘 아등바등 살았다. 성공한 뮤지션이 되려고 아등바등. 심지어 죽어서도 마찬가지였다. 다시 삶으로 돌아가서 꿈꾸던 무대에 오르기 위해 아등바등. 하지만 그 끝에 그가 느낀 것은 허무였다.

　타로 마스터 정회도의 『운의 알고리즘』을 읽고 그가 생각하는 행복이란 무엇일지 궁금했던 차에 직접 질문할 기회가 닿았다. 그는 즉시 '신명 나는 것'이라고 답했다. 간단하지만 깊이 있는 대답이었다. 무엇보다 확신에 찬 그의 즉답이 인상 깊었다. 분명 보이지 않는 곳에서 오랜 기간 숙성된 철학이리라. 우리는 어떤 일을 정말 신나서 할 때 '신명 난다'라는 표현을 쓴다. 신명 神明의 한자어를 풀어 보면 영혼이 밝게 빛난다는 뜻이다. 즉 자신의 영혼이 바라는 일을 하는 것이다. 그리고 그럴 때 진정한 행복을 느낄 수 있다.

　아등바등하면서 살고 있다면 신명 날 수가 없다. 그런 사람의 얼굴에는 기쁨이 없다. 성공한 뮤지션이라는 허상에 사로잡힌 조의 얼굴에는 그래서 기쁨이 없다. '언젠가'를 꿈꾸며 '현재'에는 눈을 가리고 살아간다. 그토록 바라던 인생의 목적이 마침내 현실이 된 순간, 기대했던 행복을 찾을 수 없어 조가 당황했던 까닭은 행복이 결코 미래에 있지 않기 때문이다. 무엇보다 행복은 집착과 가장 멀리 있다. 그 어떤 즐거움이나 인생의 목적도 집착하면 삶 그 자체와 멀어진다. 자신과 삶을 단절시키는 뭔가에 집착하는 동안 당신의 영혼은 길을 잃는다.

　영화 말미에 이르러서야 '불꽃'의 진짜 의미가 밝혀지는데, 그

때까지 조는 불꽃이 인생의 목적, 즉 태어나는 이유일 거라고 생각했다. 하지만 그 말을 들은 제리는 이렇게 말한다.

"불꽃은 영혼의 목적이 아니에요. 멘토들은 다 왜 그러는지. 목적, 삶의 의미… 정말 단순들 하기는."

영화에서 불꽃은 거창한 것이 아니라 '인생을 살아 볼 마음의 준비' 단지 그것이다. 상담사 선생님의 이야기나 영화 〈소울〉이 공통으로 전달하는 메시지가 있다. 우리는 우리 앞에 놓인 삶을 살아갈 준비가 된 채로 이 세상에 왔다는 것. 그러니 자신의 운명을 사랑하고 살아 있는 모든 순간, 당신의 영혼을 기쁘게 해야 한다. 무엇이 당신의 영혼을 기쁘게 하는지는 스스로 판단해야 한다. 편견에 사로잡혀 있으면 영혼의 목소리를 들을 수 없다. 생각보다 아주 작고 사소한 것일 수도 있다. 하지만 시시하다고 생각해 그동안 눈길조차 주지 않았던 바로 그것이 당신의 영혼에게는 이 땅에 온 이유 그 자체일 수도 있다.

삶의 방향성이 흔들릴 때
- 잠든 영혼을 깨우는 질문들

누구나 삶의 방향성이 흔들릴 때가 있다. 내가 맞게 가고 있는 것인지 헷갈리고 혼란스러울 때, 우리에게는 자기 성찰이 필요하다. 인생에 던지는 근본적 질문들은 잠들어 있는 우리의 영혼을 흔들어 깨운다. 잠든 영혼이 깨어나기 시작하면 점차 내 인생에 쓸모없는 것이 무엇인지 알게 되고, 어떤 두려움도 막아설 수 없는 나만의 방향이 조금씩 분명해지기 시작할 것!

"나는 누구지?"

"나는 어디에 있고 어디로 가는 중이지?"

"나는 나를 사랑할까?"

"나는 무엇을 사랑할까?"

"나는 다른 사람을 사랑하고 있을까?"

"'성공'이란 무엇이지?"

"성공 이후에는 무엇이 있을까?"

닫는 글

텅 빈 캔버스에 무엇을 그릴까

영화 〈배트맨 비긴즈〉에는 브루스 웨인이 배트맨이 되기까지의 과정이 담겨 있다. 이 영화에서 단연 압권인 장면은 동굴 속에서 브루스 웨인이 박쥐 떼에 온몸이 둘러싸인 채 '배트맨'으로 깨어나는 장면이다. 어린 시절의 트라우마인 부모님의 죽음과 그 상황을 만들고 만 자신의 박쥐 공포증. 트라우마 그 자체인 박쥐들의 틈바귀에서 브루스 웨인은 자신의 가장 깊은 두려움을 넘어선다. 그리고 부모님이 세운 도시 '고담'을 지키려 스스로 박쥐 인간이 된다. 우리 마음에도 박쥐가 있다. 이것은 가장 깊은 곳의 두려움이다. 진정한 나로 살아가기 위해서는 오랫동안 잊힌 마음의 동굴을 들여다봐야 한다.

죽음에 대한 두려움, 미지에 대한 두려움, 통제할 수 없는 것들에 대한 두려움, 너무 많은 시간을 낭비했을지 모른다는 두려움, 뒤처졌을지 모른다는 두려움, 잘하지 못할 거라는 두려움, 실패에 대한 두려움, 상실에 대한 두려움, 행복을 되찾지 못할 거라는 두려움, 사랑받지 못할 거라는 두려움…. 내 마음의 동굴에는 온갖 박쥐가 살고 있었다.

그러던 와중에 어느 나이 든 철학자의 이야기가 두려움으로만 가득한 나의 삶을 다시 생각해 보게 했다. 젊어서부터 그는 한결같이 죽음이란 무엇인가를 깊이 생각하며 연구해 왔는데 자신의 삶을 정리하는 때에 이르러서야 문득 새로운 주제에 대한 강렬한 호기심이 일었단다. 삶이란 무엇인가였다. 그는 자신이 죽음만큼이나 삶에 대해서도 잘 알지 못하고 있다는 것을 깨달았다. 그러나 이미 그가 삶에 대해 알아 갈 시간은 얼마 남지 않았을 때였다. 그는 젊은이들에게 조언했다. 삶이라는 신비와 기적을 너무 늦게 깨닫지 말라고.

브루스 웨인은 부모님을 잃은 절망과 혼자가 되었다는 두려움에 멈춰 있을 수도 있었다. 계속 방황하며 스스로를 망가뜨리고 세상을 원망하다가 죽을 수도 있었다. 그렇게 하는 게 가장 단순하고 일반적인 반응일 것이다. 하지만 그는 그렇게 하지 않았다. 모든 것을 잃은 그의 앞에는 가장 소중한 것이 아직 남아 있었다. 삶. 삶은 늘 새로운 선택의 기회를 준다. 삶은 당신의 어제를 기억하지 않는다. 어제의 기억에 묶여 있는 것은 그저 당신이다. 삶은 당신에게 늘 새로운 날을 열어 주기에 붓다는 이렇게 말했다. "우리는 매일 아침 다시 태어난다."

직면한다는 것은 무척 어려운 일이다. 그럼에도 자신의 두려움을 똑바로 쳐다보자. 자신의 두려움을 직시하면 자신을 직시하게 되고, 두려움을 받아들이면 자신을 받아들이게 된다. 우리는 거기서부터 우리 앞에 놓인 삶을 다시 선택해 나갈 수 있다. 두려움보다 더 가까이 삶이 있다.

먼 곳에 집중하느라 가까이 있는 것을 놓치지 마라.
– 고대 그리스 극작가 에우리피데스Euripides

우리의 마음은 정원이다. 매일 심고 가꾸는 대로 모양이 바뀐다. 이 정원은 마음의 풍경일 뿐만 아니라 우리가 바라보는 세상의 풍경이 된다. 마음의 정원이 메마르면 우리가 바라보는 세상도 메마른다. 마음의 정원이 난장판이면 바라보는 세상도 난장판이다. 내 마음이 혼란스러우면 그 누구의 가르침을 듣는다 한들 혼란스러운 말이 될 뿐이다. "외부를 바라보는 자는 꿈을 꾸고 내부를 바라보는 자는 깨어난다"라는 칼 융의 말처럼, 우리가 바꿀 수 있는 풍경은 오직 우리 내부에 있다.

마음의 정원을 가꾸려면, 온화하고 자비로워야 한다. 이 과정에서는 이런 일도 저런 일도 겪을 수 있다. 어떤 날은 비가 많이 오고 어떤 날은 거센 바람이 분다. 어떠한 경우에도 자신을 너그럽게 대하고 친절함을 잃지 말자. 하루빨리 아름다운 정원을 보고 싶은 마음도 들겠지만 조급하다고 망치로 두들겨서는 꽃을 피울 수 없다. 조금씩 자라나는 나만의 정원을 사랑하자.

내가 갓난아기였을 적에 엄마는 희한한 경험을 하셨다. 유모차에 아기를 태우고 길을 걷고 있는데 비범하게(엄마의 주관적 감상이다) 생긴 사람이 다가와 아기를 유심히 보았다. "이 아이 잘 키우세요"라는 한마디 말과 함께 그 사람은 온데간데없이 사라졌다. 엄마는 그날 이후 아기가 자라서 큰일을 하는 사람이 될 거라며 아이를 키웠다. 아이도 자라며 그의 믿음을 내면화하기 시작했다. 그 결과 아이는 자신이 특별한 존재이며 뭔가 큰일을 해내야 한다고 믿었다. 그 믿음은 아이의 잠재력을 끌어내기도 했고 감당하기 힘든 부담이 되기도 했다.

"너는 내 보물이야"라는 누군가의 말 한마디에 엉엉 울고 싶어질 때가 있다. 사랑을 확인해 행복하면서도 이 사람이 언제나 변함없이 나를 사랑할지 알 수 없어 불안하기 때문이다. 이처럼 타인의 깊은 사랑도 삶의 불안을 완전히 지우지는 못한다. 도대체 나라는 존재는 무엇인가? 『이기적 유전자』에서 말하듯 그저 유전자를 실어 나르는 기계에 불과한 걸까? 나의 존재 가치를 그저 미친 사람이었을지도 모르는 그 사람의 말에서라도 찾고 싶던 때도 있었다.

불안은 이런 혼란과 두려움 속에서 나 자신을 향해 걷는 길에 등불이 되어 준다. 불안과 두려움을 통해 우리는 나 자신을 발견한다. 헤르만 헤세Herman Hesse는 "모든 인간은 자기 자신 이상이다"라고 말했다. 우리는 지금의 자신을 넘어서는 존재로 나아갈 수 있다. 이제는 안다. 나를 잘 키워야 하는 사람은 다른 누구도 아닌 나 자신이다. 너무도 인간적인 불안 때문에 우리는 때때로 괴로움을 겪지만, 정말로 아름다운 점은 다른 무엇도 아닌 바로 그것을 통해서 인간은 성장한다는 사실이다. 불안은 인간으로서 인간답게 살아가는 삶의 아름다움 한가운데 있다. 무조건 없애야 한다고 생각했던 불안이 이토록 쓸모 있을 줄이야 누가 알았겠는가?

다시 불안의 얼굴 그려 보기

이제 다시 불안의 얼굴을 그려 볼까?

불안은 당신에게 어떤 모습으로 바뀌었을까?

지금, 당신의 불안은 당신에게 무슨 말을 해 주는가?

지면을 빌려 이 책이 있기까지 도움을 주신 분들께 감사 인사를 전합니다. 불안에 대한 개인적인 경험이 누군가에게 위로가 되기를 바랐던 소망을 좋은 책으로 엮어 주신 국민출판사 김영철 대표님, 이원석 편집장님, 변규미 편집자님, 표지를 그려 주신 이요안나 작가님께 감사드립니다. 혼자서 통과하기 어려웠던 거친 길에 정신적인 의지와 든든한 안전망이 되어 주신 한명훈 선생님, 김혜영 선생님께 감사드립니다. 러닝 메이트이자 멘토로서 힘과 용기가 되어 주신 이상민 작가님, 원성원 작가님께 감사드립니다. 그리고 언제나 갚을 길 없는 큰 사랑을 가르쳐 주시는 부모님께 감사와 사랑을 전합니다. 마지막으로, 책에 생명력을 불어넣어 주신 독자 여러분 한 분 한 분께 진심으로 감사드립니다.

- 게랄트 휘터, 『불안의 심리학』(궁리출판, 2007)
- 게일 가젤, 『하버드 회복탄력성 수업』(현대지성, 2021)
- 김혜령, 『불안이라는 위안』(웨일북, 2017)
- 나카시마 미스즈, 『불안하다고 불안해하면 더 불안해지니까』(부키, 2019)
- 대니얼 키팅, 『남보다 더 불안한 사람들』(심심, 2018)
- 로버트 존슨, 『내 그림자에게 말 걸기』(가나출판사, 2020)
- 리사 랜킨, 『두려움 치유』(샨티, 2016)
- 리사 펠드먼 배럿, 『감정은 어떻게 만들어지는가』(생각연구소, 2017)
  『이토록 뜻밖의 뇌과학』(더퀘스트, 2021)
- 릭 핸슨, 리처드 멘디우스, 『붓다 브레인』(불광출판사, 2010)
- 마거릿 워렌버그, 『왜 나는 늘 불안한걸까』(소울메이트, 2014)
- 마크 프리먼, 『불안을 이기는 힘』(반니라이프, 2019)
- 변지영, 『내 마음을 읽는 시간』(더퀘스트, 2017)
- 브레네 브라운, 『마음가면』(더퀘스트, 2016)
- 브렌다 쇼샤나, 『두려움 없이 사는법』(예문, 2010)
- 샤우나 샤피로, 『마음챙김』(안드로메디안, 2021)
- 수전 M. 오실로, 리자베스 로머, 『불안을 치유하는 마음챙김 명상법』
  (소울메이트, 2014)
- 스콧 스토셀, 『나는 불안과 함께 살아간다』(반비, 2015)
- 앨릭스 코브, 『우울할 땐 뇌과학』(심심, 2018)
- 엘렌 헨드릭센, 『지나치게 불안한 사람들』(알에이치코리아, 2019)
- 원성원, 『내 감정에 말 걸기』(미다스북스, 2021)
- 조 디스펜자, 『브레이킹, 당신이라는 습관을 깨라』(샨티, 2021)
- 존 셀라스, 『사는 게 불안한 사람들을 위한 철학 수업』(더퀘스트, 2020)
- 채드 르쥔느, 『마음의 병 불안·걱정 치유법』(삼호미디어, 2008)
- 최주연, 『불안해도 괜찮아』(소울메이트, 2016)
- 캐럴라인 웰치, 『마음챙김이 일상이 되면 달라지는 것들』(갤리온, 2021)
- 크리스 코트먼 外, 『불안과 잘 지내는 법』(유노북스, 2020)
- 에리히 프롬, 『사랑의 기술』(문예출판사, 2019)